Vive tu vida

temas'de hoy.

Enrique Rojas

Vive tu vida

La autoestima en las distintas etapas de la vida

Con la colaboración de
FRANCESC MIRALLES

temas'de hoy. VIVIR MEJOR

El papel utilizado para la impresión de este libro
es cien por cien libre de cloro
y está calificado como **papel ecológico**

No se permite la reproducción total o parcial de este libro, ni su incorporación a un sistema informático, ni su transmisión en cualquier forma o por cualquier medio, sea este electrónico, mecánico, por fotocopia, por grabación u otros métodos, sin el permiso previo y por escrito del editor. La infracción de los derechos mencionados puede ser constitutiva de delito contra la propiedad intelectual (art. 270 y siguientes del Código Penal)
Diríjase a Cedro (Centro Español de Derechos Reprográficos) si necesita fotocopiar o escanear algún fragmento de esta obra. Puede contactar con Cedro a través de la web www.conlicencia.com o por teléfono en el 91 702 19 70 / 93 272 04 47

© Enrique Rojas, 2013
© Ediciones Planeta Madrid, S. A., 2013
Ediciones Temas de Hoy es un sello editorial de Ediciones Planeta Madrid, S. A.
Paseo de Recoletos, 4, 28001 Madrid
www.temasdehoy.es
www.planetadelibros.com
Primera edición: septiembre de 2013
ISBN: 978-84-9998-320-2
Depósito legal: M. 18.954-2013
Preimpresión: J. A. Diseño Editorial, S. L.
Impresión: Unigraf, S. L.

Printed in Spain-Impreso en España

ÍNDICE

Prólogo. Todo tiene solución 13

PRIMERA PARTE
LA ESCUELA DE LAS EMOCIONES

Capítulo 1. Los pilares de la autoestima 23
Capítulo 2. El lastre de la ansiedad 31
Capítulo 3. Tener miedo al miedo 41
Capítulo 4. ¿Susceptible, yo? 51
Capítulo 5. Estoy triste y no sé por qué 61
Capítulo 6. El arte de encajar los golpes 67
Apéndice: La autoestima en la infancia 77

SEGUNDA PARTE
EPISODIOS DE AMOR Y GUERRA

Capítulo 7. El carbón incandescente en la mano 99
Capítulo 8. Amor líquido que se evapora 107
Capítulo 9. Belleza interior 113
Capítulo 10. La chispa de la seducción 121

Capítulo 11. Amar en el País de Nunca Jamás 131
Capítulo 12. El arte de las despedidas 139
   Apéndice: La autoestima en la adolescencia 147

TERCERA PARTE
FELICIDAD EN CONSTRUCCIÓN

Capítulo 13. La tabla de salvación del náufrago 159
Capítulo 14. Dudas que generan más dudas 165
Capítulo 15. El síndrome de Simón y sus derivados 171
Capítulo 16. Dar la vuelta al espejo 185
Capítulo 17. Traumas del pasado 193
Capítulo 18. Enfermos imaginarios del siglo XXI 203
   Apéndice: La autoestima en la madurez 209

CUARTA PARTE
EL TRABAJO Y LA VIDA

Capítulo 19. Una curva de mejora como horca 219
Capítulo 20. La rigidez nos hace frágiles 229
Capítulo 21. El don de la asertividad 239
Capítulo 22. *Workaholics* o adictos al trabajo 247
Capítulo 23. El infierno en la oficina 257
Capítulo 24. Doctor, no puedo más 267
   Apéndice: La autoestima en la etapa final de la vida 281

Anexo. Las etapas del amor 287
Bibliografía 303
Índice onomástico 307
Índice temático 311

Para
Natalia Ovelli
la
vida
es
la

> Para Almudena, mi hija, el corazón más grande.
> Tú nos enseñas a vivir con alegría. Nihil difficile volenti
> *(Nada es difícil si hay voluntad)*

gran
maestra.

E. Iwlm

Miami
8 Nov
2013

Tienes solo una vida a tu disposición: la tuya.

Eurípides

PRÓLOGO

Todo tiene solución

A lo largo de la vida, a menudo nos sentimos atenazados por problemas que nos parecen insalvables. En la infancia, el *bulling* de los compañeros, las dificultades en los estudios o los diferentes miedos que nos van asaltando hacen que no siempre disfrutemos de los regalos de esta primera etapa de la existencia.

La *infancia* es la edad más feliz de la vida, pero sin proyecto personal: todo está por descubrir, todo es pura novedad. En la *adolescencia*, con el descubrimiento de la sexualidad y la asunción de nuevas responsabilidades, se abre otra etapa llena de aventuras y satisfacciones, pero también de nuevos problemas que deberemos superar para entrar con buen pie en la edad adulta. Todo es posible cuando uno recorre esa etapa de la vida: el abanico de posibilidades que se abre ante nosotros es inmenso.

En la *juventud* estamos repletos de vida y nuestro programa personal va saliendo adelante, contra viento y marea. Las ilusiones se van haciendo realidad. Los sueños se van abriendo paso entre dificultades y esperanza y por fin sale lo que teníamos previsto. Los planes se convierten en hechos.

Ya en la *madurez* hallaremos en nuestra ruta escollos como el estrés, la ansiedad, el reto de estar en pareja o el de realizarnos a través del trabajo, entre muchos otros. Una vez abandonamos la actividad laboral, quedamos expuestos a otra clase de dificultades que pueden ser superadas con un espíritu inquieto y emprendedor. *Cuando eres joven estás lleno de posibilidades; cuando eres mayor estás lleno de realidades.* Son dos notas claves de la biografía: *posibilidades* frente a *realidades. Uno es lo que hace, no lo que dice.* Dicho de otra manera: madurez es coherencia de vida, esfuerzo por que se dé una buena relación entre teoría y práctica, entre las ideas y los hechos. Lo digo a lo largo de estas páginas: *nuestra sociedad necesita más testigos que maestros.* Es más importante una vida con una cierta ejemplaridad que gentes que expliquen lo que hay que hacer y lo que es mejor. Ese es el reto.

En la *tercera edad* todo cambia. Uno es viejo cuando sustituye sus ilusiones por sus recuerdos. Cuando empieza a mirar más hacia atrás que hacia delante. La vejez no depende de los años, sino de las ilusiones por cumplir. Tener siempre planes, objetivos, retos, que nos arrastren hacia delante a pesar de que el cuerpo ya responda cada vez menos y el chasis se resienta y no tengamos la frescura somática y la salud de antaño. Y saber prepararnos para el final. Esta fase vital debe ser *serenidad y benevolencia.* Y también visión sobrenatural.

Todo tiene solución si vives tu vida y echas mano de tus recursos personales a través de la autoestima, la motivación, la adaptación al cambio y la comprensión de los demás.

Este manual analiza y ayuda a resolver los veinticuatro grandes problemas a los que nos iremos enfrentando en el oficio de existir. Para ello vamos a utilizar la psicología. Veremos casos clínicos, abordaremos los temas de fondo y entenderemos las claves que permiten actuar sobre las emociones negativas para afrontar los desafíos con optimismo.

El terapeuta en casa

La psicología es un árbitro que dirige los partidos de la vida cotidiana. De hecho, en los equipos de fútbol de Inglaterra, el psicólogo está presente para motivar al grupo y resolver problemas individuales de autoestima.

Muchos buenos delanteros fallan repetidamente ocasiones cantadas de cara a portería porque tienen una crisis de confianza. Quizás a partir de un par de ocasiones erradas, los silbidos del público han hecho mella en el futbolista, que queda paralizado por el miedo escénico cuando tiene el gol de cara.

Del mismo modo, en nuestra liga diaria hay situaciones que nos bloquean y nos hacen sufrir porque recordamos un precedente de fracaso. Así funcionan las fobias y las limitaciones emocionales como el pánico al compromiso. Pero estamos en el mundo para crecer y aprender —a cualquier edad—, y esa es la finalidad de este libro: dar las herramientas para que cada persona pueda superar los obstáculos que va encontrando en su vida.

Lamentablemente, no todo el mundo puede permitirse un terapeuta, ni los terapeutas disponen del tiempo que desearían dedicar a sus pacientes.

Freud era un gran psicoterapeuta que, más allá de sus logros teóricos, consiguió curar a casi todos sus pacientes. Sin embargo, muchos no saben que no vio a más de noventa enfermos en toda su carrera. Dedicaba a cada persona muchas horas, casi como un miembro más de su familia, y las famosas patografías que se estudian en la facultad de psicología son de pacientes que él trató durante muchos años y de los cuales conocía toda su vida.

Hoy en día, un médico de la seguridad social ve a ochenta enfermos en una sola jornada. Apenas tiene tiempo para cruzar tres o cuatro preguntas con el paciente y supervisar su mediación.

En mi consulta privada, tengo el privilegio de poder ahondar en la vida de la gente para ir hasta el fondo de los problemas. El conocimiento del otro te hace calibrar los matices. De hecho, en los Estados Unidos se han puesto de moda los chequeos psicológicos. Muchos pacientes me dicen que les gustaría conocer mejor cómo son y entender qué necesitan, igual que con un chequeo físico pero en clave psicológica.

El psicólogo y el psiquiatra se han convertido en una especie de geómetras, de ingenieros de la conducta. Como si tuviéramos al terapeuta en casa, este libro recoge las coordenadas principales para no extraviarse durante el temporal y avanzar en la aventura de descubrirnos a nosotros mismos.

A pesar de la tormenta

San Pablo escribió *Las cartas de la cautividad*, las cuales redactó estando en prisión. Cuando leemos alguna de estas misivas solo vemos optimismo, a pesar de que después fue ejecutado y murió de forma dolorosa. Tomás Moro murió en la cárcel de Londres y su último libro, titulado *Cartas de la prisión*, está repleto de sabiduría, paz y alegría.

Al releer también a este último, me pregunto: ¿cómo puede ser que este hombre intelectual, estando preso y sabiendo que iba a morir, algo que produce tanta incertidumbre, transmitiera en sus escritos tanta sabiduría y plenitud?

Probablemente la respuesta es que estaba satisfecho con las decisiones que había tomado, tras llevar una vida coherente en la que no dejó nada por hacer. Y es que la felicidad es un estado de ánimo satisfactorio donde tú haces una interpretación positiva de la realidad.

Nelson Mandela pasó veintisiete años de cárcel en Sudáfrica y todo lo que escribió en la cárcel era positivo.

Si estas personas pudieron alcanzar la orilla de la felicidad en medio de tanto sufrimiento, también nosotros podemos conquistarla en nuestro día a día con la actitud adecuada.

¿Qué es la felicidad?

En el mundo antiguo se hablaba muy a menudo de la felicidad: Sócrates, Platón, Séneca y muchos otros filósofos trataron el tema, cada uno desde su perspectiva. Sin embargo, esta cuestión pasó desapercibida durante mucho tiempo. Hasta la Ilustración, con Voltaire por ejemplo, apenas se volvió a hablar de ella.

A partir del siglo XVIII y especialmente al entrar el XX se produce una explosión de interés por este concepto. En *La psicología de la felicidad* Michael Argyle hace una evaluación de nuestro grado de dicha mediante escalas de conducta con las que mide, por ejemplo, las actividades agradables que mejoran la felicidad durante el día, así como cosas que son incompatibles con la depresión.

ACTIVIDADES PARA SER FELIZ CADA DÍA

Existe una serie de actividades que aumentan los sentimientos de paz y confort, ayudándonos a ser felices en nuestro día a día. Esta es una lista de ellas recogida por Argyle en su libro. Son actividades que influyen positivamente en nuestro estado de ánimo, así como aquellas que resultan incompatibles con la depresión:

- Estar con gente feliz.
- Ser consciente de ser sexualmente atractivo.
- Conversar de forma abierta y franca.
- Expresar el amor a otra persona.
- Estar con alguien a quien se quiere.
- Reír con amigos.

- Que te pidan ayuda o consejo.
- Estar relajado.
- Ver un paisaje hermoso.
- Respirar aire puro.
- Estar sentado al sol.
- Llevar ropa limpia.
- Disfrutar del tiempo libre.
- Dormir bien por la noche.
- Escuchar música.
- Sonreír a los demás.
- Compartir la alegría de que a la familia y a los amigos les ocurran cosas agradables.
- Hacer un trabajo de modo personal.
- Leer historias, novelas, poemas u obras de teatro.
- Planear u organizar algo.
- Aprender a hacer algo nuevo.
- Hacer bien un trabajo.

Hay quien cree que cuanto menos sepamos mejor, ya que tener una mentalidad intelectual también puede facilitar que analicemos demasiado la realidad y que los pensamientos queden encerrados en un circuito. Sin embargo, la cultura debería servir para equivocarnos menos, para adquirir un arte de vivir y disfrutar de cosas que sin cultura no sabríamos apreciar.

Para cimentar la felicidad a través de las etapas de la vida, debemos ampliar nuestros horizontes. Por ejemplo, una persona mayor con cultura tendrá siempre ocupaciones estimulantes a su alcance, mientras que alguien de acción, cuando se termina su etapa laboral, se queda vacío.

Los cuatro elementos fundamentales de la felicidad son amor, amistad, trabajo y cultura. Esta última no solo supone profundizar en la historia, la literatura y las artes. También el conocimiento de uno mismo es fundamental para actuar de manera sabia, resolver las dificultades y entendernos con los otros.

Cuando cerramos los ojos a lo que somos, los problemas se

perpetúan, ya que no avanzamos y repetimos una y otra vez los mismos errores. El ejercicio de tomar conciencia de nuestros pensamientos y de nuestros actos, midiendo sus consecuencias, pone las soluciones en nuestra mano.

Espero que la lectura de este libro te procure los instrumentos necesarios para cultivar la autoestima en todas las etapas de tu vida, enriquecer tus relaciones con los demás, crecer emocional e intelectualmente y, sobre todo, vivir tu vida.

Doctor Enrique Rojas.
Madrid, 17 de agosto del 2013.
En el Valle del Tajuña, al sur de Madrid.

PRIMERA PARTE

LA ESCUELA DE LAS EMOCIONES

capítulo Uno — Los pilares de la autoestima

Amarse a uno mismo para amar a los demás

> *Si no tienes al enemigo dentro,*
> *los enemigos de fuera no podrán herirte.*
> PROVERBIO AFRICANO

Álex tiene 9 años y últimamente se despierta por la noche con sobresaltos. El motivo, según me cuenta en la consulta, es que uno de los líderes de la clase la ha tomado con él. Durante las clases no pierde ocasión de ridiculizarlo y a la hora del patio anima a sus compañeros a hacerle el vacío. Por miedo a este chico de carácter violento, casi todos le hacen caso y el paciente ha quedado aislado.

Cuando llega a casa, Álex no disfruta jugando porque piensa en lo mal que lo pasará en el colegio al día siguiente, lo cual desata asimismo los terrores nocturnos que le despiertan. Su rendimiento escolar ha caído en picado porque el niño se siente muy inseguro y se desprecia a sí mismo. Es un caso claro de baja autoestima motivada por un bulling.

Además de contactar con los padres del agresor para ponerlos al tanto del problema, en la terapia trabajamos con Álex las medidas necesarias para reforzar su autoestima.

Factores que desatan una baja autoestima[1]

Hay muchas causas que pueden desembocar en un problema de baja autoestima en una persona, independientemente de su edad. Veamos algunas de las más comunes según los especialistas en el tema:

- *Ambiente familiar tóxico durante la infancia.* Cuando los padres no han apoyado a un niño en momentos cruciales o han sido excesivamente exigentes, una consecuencia negativa es que la persona dude de sus propias posibilidades.
- *Mal ambiente escolar.* Si un niño tiene la desgracia de ser el punto de mira de las burlas de sus compañeros, como el ejemplo que hemos visto, y sufre vejaciones, es muy posible que llegue a una adolescencia y posterior etapa adulta cargada de complejos e inseguridades.
- *Exceso de autocrítica y perfeccionismo.* Con estos ingredientes es prácticamente imposible realizar cualquier objetivo sin arrojar la toalla a medio camino, lo que conduce también a la baja autoestima.
- *Duda patológica.* La indecisión crónica deriva en una total falta de confianza. Hay personas con enorme talento y múltiples capacidades que nunca llegan a hacer nada debido al miedo a fracasar.

---

1. Los principales factores que producen un descenso del nivel de autoestima constituyen un inventario de ingredientes diversos que se mueven de la siguiente manera:
— La incapacidad por superar las dificultades de la vida ordinaria.
— Grandes dificultades para superar microtraumas, macrotraumas psicológicos, no saber perdonarse errores, fallos...
Todo lo cual conduce a una falta de confianza en uno mismo que se nutre de inseguridades diversas y que termina en una disminución del nivel de la valoración que uno tiene de sí mismo.

- *Miedo a ser criticado.* Hagamos lo que hagamos, siempre habrá gente descontenta con nuestras acciones y otras personas que nos valoren. Si hacemos solo caso a los que nos critican, nos haremos un flaco favor a nosotros mismos. Si empezamos a actuar para contentar a los demás, como veremos en un capítulo posterior, además de socavar nuestra autoestima desarrollaremos la dependencia al prójimo.
- *Exceso de susceptibilidad.* Si cualquier comentario ajeno nos hiere es que tenemos un problema que hay que resolver. Debemos abandonar la adicción de querer gustar a los demás y entregarnos a la tarea de gustarnos a nosotros mismos. Entender la suerte de ser tú.

Diez claves de la autoestima

Una vez identificados los factores que provocan la baja autoestima, veamos ahora una batería de medidas prácticas para apuntalar ese aspecto fundamental en la escuela de las emociones.

Muchas de ellas son de sentido común, aunque en el trasiego de las obligaciones cotidianas a menudo no somos conscientes del modo en el que actuamos.

Veamos diez medidas concretas para potenciar la autoestima:

- Focalizarnos en nuestras virtudes —tomar nota de ellas si es necesario— en lugar de hacerlo sobre nuestras carencias.
- Dejar de preguntarnos constantemente qué puede pensar la gente de nosotros y si les estamos fallando.
- Seguir el ejemplo de las personas que gozan de una gran dosis de autoestima y la utilizan para su bien y el de los demás. La pregunta sería: ¿qué hacen ellos que no hago yo?
- Fijarnos metas y, una vez en camino, no desfallecer ante un

primer fracaso. Algo fundamental es no dejar las cosas a medias, ya que es frustrante y letal para nuestra autoestima.
- Si una meta a largo plazo parece inalcanzable, hay que fijar pequeñas metas intermedias que sean más asequibles a corto o medio plazo. Las pequeñas victorias nos ayudan a conseguir objetivos que antes nos parecían imposibles.
- Ser asertivos (tener habilidad social) ante los que nos rodean. Decir no cuando es no, sin amilanarse.
- Encajar y aprender de las críticas de los demás, siempre que sean constructivas. En caso de que no lo sean, debemos defendernos de ellas o ignorarlas por su inutilidad.
- Evitar el exceso de autocrítica y exigencia, ya que acaba socavando la autoestima. Hay que huir del perfeccionismo enfermizo.
- Desterrar el sentimiento de culpa, ya que nos hace susceptibles de chantajes morales de terceros. Ello no significa que hagamos lo que nos plazca, pero debemos ser justos con nosotros mismos.
- Practicar el optimismo. Cualquier situación puede verse en clave de problema o en clave de solución. Si la vemos de manera optimista, tendremos muchas más posibilidades de ganar la partida.

EL AUTOBOICOT

La expresión *autoboicot* puede parecer ajena a nuestra vida. Sin embargo, todos nos hemos comportado alguna vez de esta manera. Sin ser conscientes, nos hemos autoboicoteado innumerables veces.

Expresiones del tipo: «Eso no está hecho para mí», «los idiomas no son lo mío», «ya es tarde para eso», «demasiado guapo/a para mí», «no estoy preparado», «soy incapaz de ello»... han sido pronunciadas por nuestros labios alguna vez y contienen la semilla del autoboicot. Es decir, nos llevan a fracasar antes de haber empezado.

> A menudo tenemos una voz interior que nos coarta y marca unos límites arbitrarios para nuestras ilusiones. Tal como trata el terapeuta argentino Bernardo Stamateas en su libro *Autoboicot: cuando el tóxico eres tú*, nuestro *yo pesimista* llegará a ser un incordio si le prestamos demasiada atención y puede ser muy mezquino y subterráneo, ya que a veces nos influenciará sin que nos demos cuenta de ello y puede llegar a gobernar nuestra vida. Por eso hay que saber detectar cuándo está actuando y neutralizarlo rápidamente.
>
> En palabras de este autor: «El fracaso personal más profundo que padecen los seres humanos es el que constituye la diferencia entre lo que uno era capaz de llegar a ser y lo que uno ha terminado siendo».

Educar a los niños con autoestima

La infancia es la etapa de la vida en la que se siembra el potencial de una persona. Los padres están encargados no solo de velar por la salud y la educación de los hijos. También su autoestima futura dependerá de la manera en la que los guiemos en esta etapa formativa de la vida.

Veamos a continuación las claves prácticas más importantes en las que coinciden los pedagogos para educar a los pequeños en este aspecto tan fundamental:

- *Marcar objetivos asumibles para los niños*. Un reto demasiado difícil puede bloquearlo y hacerle sentir incapaz. Es más educativo conseguir pequeños triunfos que le harán sentirse satisfecho.
- *No compararlo con otros niños más brillantes*. Este mal hábito por parte de los padres está detrás de muchos complejos, envidias y frustraciones de los niños. Hay que enseñarle que cada persona es distinta y tiene sus propias habilidades.
- *Medir nuestras palabras*. Una crítica o una burla desafor-

tunada sobre un error del pequeño puede deshacer lo que antes se ha construido y rebajar su confianza.
- *Inculcarles el concepto del esfuerzo*. El éxito fácil está muy de moda, sobre todo en televisión. Pero el día a día no tiene nada que ver con un plató televisivo. Es indispensable enseñarles la cultura del esfuerzo, que puede ayudar a conseguir cualquier meta.
- *Dar ejemplo*. Los padres miedosos que transmiten a sus hijos sus temores están insuflando en ellos esta misma visión de la vida. Por eso es importante que conozcan el valor a través de nuestros actos. Ese es el mejor favor que podemos hacer a su autoestima.
- *Mostrar nuestro cariño abiertamente*. Los niños necesitan saber que les queremos a través de nuestras palabras, así como de las caricias, besos y abrazos. El hecho de sentirnos amados estimula nuestro amor propio y construye nuestra autoestima.

TRES CONSEJOS PARA REFORZAR LA AUTOESTIMA

- Reconoce y valora las cosas buenas que tienes. Párate, coge papel y lápiz y haz un breve listado de lo positivo que tienes y procura que vaya en aumento.
- Identifica dos errores de tu conducta y lucha por irlos corrigiendo en los próximos meses. Sé concreto.
- Céntrate en la tarea que tienes entre manos en este momento. Esto lo resumiría yo de esta manera: *tengo que estar en lo que estoy*.

TEST

1. **Ante una situación complicada, ¿cómo acostumbras a reaccionar?**
   a. Analizo y encaro la dificultad con decisión para superarla cuanto antes.
   b. Los problemas me debilitan mucho y postergo el momento de afrontarlos por miedo a las consecuencias.

2. **Un compañero de trabajo te invita a una fiesta, pero no conoces a nadie de su círculo de amistades...**
   a. Consideras que es una excelente oportunidad para conocer a gente nueva y aceptas encantado.
   b. Inventas una excusa para no ir o pides a un amigo que te acompañe para no separarte de él en toda la velada.

3. **¿Te preocupa mucho lo que la gente dice o piensa de ti?**
   a. Sé que no puedo gustar a todo el mundo y solo me afecta la opinión de los que más quiero.
   b. Acostumbro a preguntar e indagar sobre la impresión que causo en los demás.

4. **Si un superior te critica o regaña por un trabajo que no has hecho bien...**
   a. Escucho con atención e intento que la discusión derive hacia una crítica constructiva para mejorar y aprender de mis errores.
   b. Me mantengo en silencio hasta que pasa el mal trago.

5. **Alguien te pide un favor que no tienes tiempo o ganas de hacer...**
   a. Soy sincero y le digo que no me apetece o no puedo hacerlo.
   b. Me cuesta decir que no y acabo prestándole ayuda.

6. **¿Te crees capaz de lograr todo lo que te propongas en la vida?**
   a. Solo es cuestión de esfuerzo y algo de suerte, ¿por qué no?
   b. Todo es muy complicado y hay cosas que ni siquiera intentaría.

7. **En general, ¿te sientes más seguro que la gente de tu entorno?**
   a. En la mayoría de los casos me siento más afortunado, satisfecho y seguro.
   b. Acostumbro a sentirme más desgraciado que los demás.

RESULTADOS

Por cada respuesta A, suma 2 puntos. Por cada respuesta B, suma 1 punto.

- **Menos de 8 puntos.** Recuerda que el exceso de indecisión puede derivar en una total falta de confianza. Empieza a confiar más en tus posibilidades y deja de lastrar tu futuro con tantos complejos e inseguridades.
- **Entre 8 y 12 puntos.** Tu capacidad de autoestima oscila en función de cómo te va en la vida. No hagas caso de lo que piensen los demás ni te dejes arrastrar por los obstáculos que te impiden disfrutar plenamente de la vida.
- **Más de 12 puntos.** Eres una persona segura de sí misma y que sabe valorar sus virtudes sin darle la espalda a sus defectos. Tu amor propio está en forma y sabes encajar bien las críticas.

capítulo
Dos | El lastre de la ansiedad
Cuando las alarmas se disparan sin motivo

> *Nunca cargues con más de un problema al mismo tiempo.*
> *Hay personas que cargan con tres:*
> *los que tuvieron, los que tienen ahora*
> *y los que esperan tener.*
> EDWARD EVERETT HALE

Hace ya tres meses que Luisa se siente en un estado de alerta permanente. Desde que cambió su trabajo en la fábrica por un puesto de comercial en las oficinas —un ascenso largamente esperado—, siente que le sudan las manos y la nuca. Cada vez que abre el correo electrónico se angustia al ver el ingente número de correos electrónicos que le esperan, así como los objetivos de ventas previstos para cada mes.

Lo peor de todo es que está transmitiendo la ansiedad a su hijo de 2 años, que al notar el estado de nerviosismo de la madre llora con mucha más frecuencia y tolera mal las visitas en casa.

Luisa acude a mi consulta para saber cómo volver a la calma y al autocontrol, ya que su día a día se ha convertido en un sinvivir y sufre además por el niño. En nuestras visitas vamos al fondo de la cuestión y analizamos los miedos y complejos que han disparado sus alarmas desde que ocupa un nuevo puesto en la empresa.

La ansiedad es un estado de alerta[1] de nuestro organismo que se da ante un posible peligro, una situación delicada de estrés o una decisión crucial.

Todos padecemos en algún momento situaciones de ansiedad. Es algo normal que forma parte de nuestra vida cotidiana. Sin embargo, la ansiedad puede tornarse patológica cuando aparece en situaciones en las que no necesitamos ningún tipo de autodefensa porque no estamos ante ningún ataque.

Los especialistas clasificamos la ansiedad en tres grupos:

- *Ansiedad endógena.* Es de origen interno y se da sin causa externa que la justifique.
- *Ansiedad exógena.* Es provocada por una situación continuada de estrés. Es decir, hay una causa concreta que provoca la reacción del organismo.
- *Ansiedad existencial.* Causada sobre todo por el temor a la muerte y a qué sucederá al dejar de existir. Muchas veces es englobada en la ansiedad exógena.

---

1. La ansiedad es una emoción caracterizada por un estar en guardia, al acecho. Se produce una activación generalizada que afecta a la parte *física* (taquicardia, sudoración, pellizco gástrico, dificultad respiratoria, opresión precordial, etc.), *psicológica* (inquietud, nerviosismo, desasosiego interior, sensación de amenazas difusas y desdibujadas, miedos inconcretos, inseguridad transitoria, sensación de vacío interior, etc.), de *conducta* (estar en alerta, en guardia, como vigilante; irritabilidad, respuestas poco controladas a estímulos negativos de poca intensidad, piernas intranquilas, cambios frecuentes de postura, tartamudeo o ceceo, jugar mucho con objetos que tiene en las manos, párpados contraídos, tendencia a irritarse mucho por ruidos más o menos intensos o inesperados, etc.), *cognitiva* (esto se refiere sobre todo al plano mental: anticipaciones negativas, malos presagios, inquietud por el futuro y lo que este le pueda a uno deparar, dificultad de concentración, etc.) y finalmente a los *síntomas asertivos* (es decir, referidos a las relaciones sociales: bloqueo en el contacto interpersonal, dificultades para iniciar una conversación, dificultad para hablar de temas generales o poco trascendentes, dificultad para expresar ante los demás sus verdaderas opiniones y sentimientos, estar demasiado pendiente de lo que los demás pueden opinar de uno mismo o buscar en exceso la aprobación de los demás).

Crisis de ansiedad

Las personas que han sufrido una de estas crisis difícilmente olvidan el estado en el que se vieron sumidas. Ese es el problema: el miedo a que se vuelva a repetir alimenta aún más sus temores y la falta de confianza en su propia estabilidad.

Existen varios síntomas que revelan un estado general de ansiedad que precisa de tratamiento:

- *Somáticos*: taquicardias, exceso de sudoración, temblores, sensación de vértigo, falta de aire, tensión muscular...
- *Psíquicos*: insomnio, angustia, terrores, inquietud, inseguridad...

Sobre la clasificación que hemos visto anteriormente, la *ansiedad exógena* —igual de común en hombres como en mujeres— no es considerada por los psiquiatras una patología grave, ya que al existir una causa se trata de enfrentarse a ella abordando el problema. Además, las personas que la padecen suelen responder de manera positiva a la psicoterapia.

Cuando perdemos a un ser querido, por ejemplo, pasamos por un proceso de duelo, y es posible que aparezcan síntomas de ansiedad exógena y/o ansiedad existencial.

No obstante, si el cuadro sintomático es suficientemente grave, es conveniente acudir a un especialista para evitar que derive en trastornos más graves.

La *ansiedad endógena* no se produce por causas externas concretas, siendo por ello más difícil de tratar. Es más frecuente en mujeres que en hombres, puede ser hereditaria y tiende a darse en pacientes precoces, especialmente durante la adolescencia. A partir de los 40 años los casos disminuyen de manera drástica.

No suele ser un estado continuo y prolongado, sino que estallan periodos más o menos violentos de crisis con focos ansiosos, lo cual la hace complicada de combatir. Por este motivo, el paciente debe acudir a un especialista para, además de la psicoterapia, recibir tratamiento farmacológico. Hay una modalidad muy interesante que son las *crisis de ansiedad*[2].

Plan de choque contra la ansiedad

Existen determinados hábitos que alimentan la ansiedad, por lo que lo primero que debemos hacer es eliminarlos de nuestra *dieta* cotidiana, se trate de productos o de actitudes negativas, además de promover una rutina que favorezca la serenidad.

Se precise o no de ayuda terapéutica y/o farmacológica, podemos contribuir así a no potenciar estos estados de alarma:

- Suprimir productos estimulantes como el café, el té o los refrescos de cola, así como el alcohol y la nicotina.
- Salir a tomar el aire y el sol cada día, aunque haga mal tiempo, ya que quedarnos encerrados en casa puede provocar sentimientos agorafóbicos.
- Practicar ejercicio suave es un buen recurso para descargar los depósitos mentales de ansiedad y retomar el control de nuestro cuerpo.

---

2. También denominadas *ataques de pánico*, que son episodios breves de una duración escasa: unos minutos y producen un gran impacto, porque la experiencia es de auténtico terror y aparecen los síntomas referidos en la anterior nota al pie. Aquí todo es rápido, fugaz y terrorífico, con *tres espectros amenazadores* de gran intensidad: *temor a la muerte*, *temor a perder el control de uno mismo* y *temor a volverse loco*. Generalmente esta experiencia se acompaña, más tarde, de *un miedo a que vuelva a repetirse*, un pánico anticipatorio.

- Renunciar a metas demasiado ambiciosas que nos provoquen un estrés y exigencia demasiado grandes.
- Evitar discusiones con las personas de nuestro entorno, ya que los consiguientes enfados y el resentimiento son una fuente extra de ansiedad.

Estrés: la pandemia de nuestro siglo

Según informes recientes de la Organización Mundial de la Salud, en el año 2020 las enfermedades provocadas por el estrés y la ansiedad serán la causa número uno de baja laboral en el mundo.

En España se calcula que hay seis millones de personas que sufren estrés. En la actualidad, un 40 por ciento de la población asalariada y un 50 por ciento de los empresarios padecen un grado de estrés más o menos grave.

Es evidente que la situación económica del país contribuye al incremento de los estados de estrés y ansiedad. Se ha calculado que, desde el inicio de la crisis, el consumo de antidepresivos ha aumentado un 10 por ciento y los casos de bajas laborables por depresión casi se han triplicado.

A pesar de ello, según datos aportados por la Asociación de Consumidores y Usuarios, en nuestro país solo el 17 por ciento de los trabajadores españoles recurren a algún tipo de tratamiento para paliar las causas del estrés, que en España no está reconocido como una enfermedad laboral.

EUSTRÉS & DISTRÉS
Podemos dividir el estrés en dos bloques: - *Eustrés*, o estrés natural. - *Distrés*, o estrés negativo.

> El *eustrés* es una reacción de defensa natural y necesaria para enfrentarnos a cualquier problema o situación de crisis. Este recurso de nuestro instinto de supervivencia puede llegar a ser agradable, en determinados casos, puesto que aumenta nuestro rendimiento y provoca una descarga de adrenalina.
>
> El *distrés*, por el contrario, es la reacción del cuerpo ante una situación que sobrepasa nuestras defensas. Sería el sobreesfuerzo provocado por una carga abrumadora que acostumbra a tener como consecuencia un desorden fisiológico.
>
> Pero incluso el *eutrés* puede resultar perjudicial si no sabemos relajarnos. Cuando nuestro sistema nervioso permanece en alerta durante un periodo de tiempo excesivo, el mismo *eustrés* puede acabar degenerando en *distrés*, con todas las consecuencias que ello acarrea.

Diez remedios para estresados

Casi todas las situaciones que se nos presentan en la vida cotidiana tienen solución. Solo con pensar de esta manera ya empezamos a mitigar el exceso de estrés. Hay una serie de medidas prácticas para lidiar con este persistente enemigo incluso en tiempos de crisis:

- *Ir paso a paso*. No tenemos por qué hacer veinte cosas a la vez. Nuestra capacidad de gestión tiene un límite y no debemos sobrepasarlo. Se trata de solucionar uno a uno los temas que nos preocupan.
- *Respirar adecuadamente*. Las respiraciones largas y profundas, implicando vientre, pulmones y clavículas, mejoran la oxigenación de nuestra sangre y cerebro.
- *Relacionarse con personas agradables*. Hay perfiles psicológicos especialmente estresantes. Por lo tanto, huyamos de las compañías tóxicas que no nos aportan nada positivo.

- *Seguir una buena dieta.* Un exceso de carne roja, por ejemplo, contribuye a poner el organismo en tensión.
- *Escuchar sonidos relajantes.* La música suave puede ser una buena terapia para desactivar las alarmas interiores y bajar el nivel de tensión. La música clásica y el jazz suave nos ofrecen excelentes remedios para calmar el ánimo.
- *Disfrutar de aficiones.* Una buena película, un libro que nos guste o cualquiera de nuestros *hobbies* lograrán desactivar el estrés. Cuando estamos concentrados en una actividad que requiere una alta dosis de atención, la tensión baja inmediatamente. El maquetismo, la pintura, el origami, modelar con barro…; cualquier actividad que nos guste sirve para desestresarnos en el tiempo libre.
- *Realizar una terapia del sueño.* Un cuerpo bien descansado está mejor preparado para las situaciones de crisis. Por consiguiente, nunca hay que cometer el error de robar horas de sueño por culpa de las obligaciones.
- *Cultivar la limpieza y el orden.* Una simple cama bien hecha es una visión relajante. El orden en el entorno cotidiano ayuda a promover el orden mental. El orden es un sedante; y esto va desde la habitación donde uno duerme a la mesa de trabajo o a cómo tiene guardados sus libros o enseres de trabajo.
- *Reír.* La risa es un gran antiestresante y un inmejorable antidepresivo. Podemos promoverla a través del contacto con personas joviales o bien asistiendo a espectáculos cómicos, ya sea en el teatro o en una película que veamos en casa.
- *Jardinería.* Esta actividad ayuda a rebajar el estrés mientras disfrutamos del aire libre. La tranquilidad que ofrecen el cuidado silencioso de las plantas y la belleza de las flores nos aportará instantes de relajación.

CUATRO CONSEJOS CONTRA LA ANSIEDAD

- No fabriques ansiedad, evita alimentar las preocupaciones.
- En vez de preocuparte, ocúpate de las cosas. Es decir: manos a la obra con el tema difícil que tengas entre manos.
- No vivas el presente empapado de un futuro inquietante.
- No olvides que la paz tiene mucho que ver con el orden mental (en inglés: *peace of mind*).

TEST

1. **Normalmente duermes...**
   a. Una media de 8 horas diarias.
   b. Menos de 8 horas diarias y me despierto varias veces durante la noche.

2. **Y al despertar...**
   a. Respiro hondo y me tomo tiempo para emprender las tareas cotidianas.
   b. Analizo y repaso rápidamente el plan del día deteniéndome en los puntos más estresantes hasta que mi corazón se acelera.

3. **Ante un inminente cambio en tu vida (personal, profesional, etc.)...**
   a. Intento no anticiparme a la situación y me ocupo de gestionar el momento de forma serena y ordenada.
   b. Me siento intranquilo, nervioso y tiendo a aislarme.

4. **En el trabajo...**
   a. Trabajo en equipo y confío en la capacidad de mis compañeros.
   b. Prefiero trabajar solo y evito delegar funciones aunque necesite más tiempo para terminar las tareas.

5. **Y cuando llega el fin de semana...**
   a. Intento relajarme con actividades que mantengan mi mente alejada del estrés.
   b. No sé deshacerme de las preocupaciones y sigo en estado de alerta.

6. **¿Cómo crees que serán tus próximos años?**
   a. Intento disfrutar al máximo del presente y ser menos exigente con el destino.
   b. Me preocupa perder lo que he conseguido y no ganar lo que merezco.

7. **¿Sueles pensar que las cosas nunca salen tal como esperabas?**
   a. Intento que mis expectativas sean lo más realistas posible y se ajusten a mis posibilidades.
   b. ¡A menudo! Soy muy exigente y nunca estoy completamente satisfecho.

RESULTADOS

Por cada respuesta A, suma 2 puntos. Por cada respuesta B, suma 1 punto.

- **Menos de 8 puntos.** Sufres una considerable sobrecarga de estrés y preocupaciones que pueden acabar pasándote factura. Intenta dormir más, practicar ejercicio, evitar los productos estimulantes y renunciar a esas ambiciosas metas que tanto afectan a tu equilibrio y paz mental.
- **Entre 8 y 12 puntos.** Poco a poco has aprendido a frenar tu ansiedad, pero todavía hay determinadas situaciones que escapan de tu control. Recuerda que casi todo lo que experimentamos en el día a día tiene solución.
- **Más de 12 puntos.** Sabes mantener a raya el estrés y el exceso de preocupaciones. Has aprendido a afrontar los problemas tal como vienen, adaptándote a los cambios y enfocando el devenir de las cosas desde la inteligencia, el sentido común y la voluntad de superación.

capítulo Tres
Tener miedo al miedo

El freno de las fobias

> *Hay muy pocos monstruos
> que justifiquen el miedo que les tenemos.*
> ANDRÉ GIDE

Carlos es un farmacéutico de 50 años que ha sufrido varias crisis de pánico mientras conducía su coche. Durante los últimos meses ha pasado por varios episodios en los que, estando al volante, ha padecido taquicardias, sensación de falta de aire, dificultad para tragar, sudores, hiperquinesia... Esto se ha ido repitiendo, de manera que ha empezado a tener problemas para conducir, hasta que ha llegado un punto en el que tiene miedo a perder el control y volverse loco. Padece una fobia a conducir que repercute negativamente en su vida cotidiana, puesto que no puede desplazarse y empieza a temer incluso el tren, el autobús y el avión.

Cuando acude a mi consulta, le explico que existen dos tipos de crisis: las endógenas, debidas a sustancias naturales que segregamos en estos episodios y que muchas veces son confundidas con ataques cardíacos, y las exógenas, debidas a algún acontecimiento exterior, como los retos que nos sobrepasan o el exceso de ocupaciones. Carlos ha sufrido una crisis endógena. Ha desarrollado una fobia traumática, porque la experiencia de la crisis en el espacio donde se dio se ha convertido en fóbica; si, por ejemplo, la hubiera tenido en un ascensor, habría tenido fobia a subir en ellos.

En primer lugar, le aplico una farmacoterapia para paliar la *ansiedad y después le hago lo que denominamos* sotería. *El soterismo es un mecanismo de origen africano en el que una persona infiere en un objeto un efecto positivo; por ejemplo, aquel que se pone siempre la misma chaqueta para los exámenes porque le da suerte. Es decir, tenemos una medicación de fondo que quita la ansiedad generalizada, un objeto con propiedades positivas y, al mismo tiempo, le damos un ansiolítico rápido.*

Explico a Carlos que cuando le sobrevenga un episodio hará dos cosas:

- *Se enviará un mensaje cognitivo que actuará neutralizando esa anticipación negativa, repitiéndose frases como: «Tranquilo, no pasa nada», «Quítale importancia a las sensaciones», «Ánimo», «Respira»...*
- *Tomará la medicación de acción rápida.*

Siguiendo la terapia de exposición progresiva, empezamos a combatir la fobia paso a paso. Primero se sube al coche y lo arranca, después da una vuelta a la manzana y así paulatinamente, siguiendo las pautas anteriores, hasta que logre volver a conducir y recupere la confianza en sí mismo.

Del miedo a la fobia[1]

La fobia es un miedo irracional, en la mayoría de los casos, aunque en otras ocasiones tiene una base y arranca de una ex-

---

1. La fobia es un temor muy acusado y persistente que se produce ante algo y que, cuando aparece, produce una enorme ansiedad y lleva a dos conductas: *evitar* o *aplazar*. La persona se da cuenta de ese miedo, pero enfrentarse a él es superior a sus fuerzas. Las personas más fuertes *pueden soportarlo,* pero a costa de tener una ansiedad extraordinaria.

periencia traumática. Decimos «irracional» porque sentimos un miedo incontrolable, que uno no puede gobernar. Existen muchas causas que pueden estar tras el origen de una fobia:

- *Trauma infantil.* Una persona adulta puede haber sufrido una experiencia traumática durante su niñez. Por ejemplo, un perro pudo haberlo atacado y el resto de su vida experimenta un miedo irracional a todos los perros.
- *Trauma psicológico.* Un padre puede tener pánico al agua y transmitírselo a su hijo a través de sus reacciones y de su conducta. Se trataría en este caso de un miedo adquirido. Aquí los ejemplos pueden ser muchos. Una persona tiene un ataque de pánico mientras va conduciendo en un día de salida de su ciudad, un largo puente de fin de semana y en pleno atasco de tráfico siente todo lo que he apuntado antes: sensación de que no puede respirar, taquicardia que le hace pensar en un infarto, temor a perder el control de su persona... y, a raíz de eso, reacciona teniendo *fobia a conducir en carretera*. Otro caso: una persona ha tenido un ataque de ansiedad en una gran plaza casi vacía, con los síntomas antes mencionados y eso provoca más tarde una *agorafobia (o fobia a los grandes espacios)*. Pongo un tercer ejemplo: crisis de pánico en unos grandes almacenes en días de rebajas, con mucha gente y grandes colas...; poco tiempo después de esta experiencia, van apareciendo dos fobias complementarias: *antropofobia (o fobia a los espacios con mucha gente)* por un lado y *claustrofobia (o fobia a los espacios cerrados)*..., lo que le lleva a *evitar* o *aplazar* la ida a esos sitios. Y así sucesivamente.
- *Fobias culturales.* En algunas ocasiones, las supersticiones pueden degenerar en fobias que están presentes en toda una sociedad.

- *Trauma reciente.* Una persona puede tener pánico a hablar en público, por ejemplo, si ha tenido una experiencia muy negativa en esa misma situación. Si es una persona tímida y ha sido el blanco de las burlas, puede ponerse a temblar cuando tenga un micro ante sí.

LAS DIEZ FOBIAS MÁS COMUNES

- *Claustrofobia.* Esta es la más común de las fobias. Me acabo de referir a ella. Quien la padece no soporta estar dentro de un espacio cerrado. El ejemplo más claro es el pánico que existe a los ascensores por parte de mucha gente.
- *Agorafobia.* Contrariamente a la anterior, en este caso quien la sufre no soporta encontrarse en espacios abiertos y necesita el cobijo de un lugar cerrado. También la he mencionado.
- *Aerofobia.* Es el conocido miedo a volar. Todos sentimos cierta inquietud en el momento del aterrizaje o el despegue, pero los aerofóbicos pueden angustiarse meses antes de la perspectiva de tener que tomar un avión.
- *Acrofobia.* Describe el miedo a las alturas. No se trata de un simple vértigo, ya que quien lo sufre es incapaz de asomarse a un balcón. Por ejemplo, cuando en el curso de un vuelo el avión se mueve demasiado o existen turbulencias repetidas —y eso desencadena primero miedo y, más tarde, pánico—, se origina una conducta de *fobia a viajar en avión*.
- *Necrofobia.* La angustia de la muerte puede acarrear a personas estados depresivos que a veces degeneran en trastornos graves.
- *Aracnofobia.* Miedo a las arañas. Según las estadísticas, provocan el pánico entre al menos el 50 por ciento de las mujeres.
- *Sociofobia.* Terror a ser juzgado por los demás. Este miedo suele presentarse especialmente durante la adolescencia.
- *Acluofobia.* Se trata del miedo a la oscuridad. Muy frecuente durante la niñez; recomendamos a las madres que dejen una luz baja encendida en esa habitación y la puerta entreabierta, pues la luz y la cercanía disipan esos temores.
- *Hemofobia.* Rechazo total a la visión de la sangre.
- *Gerascofobia.* Miedo acusado a envejecer, en buena parte propiciado por unos medios de comunicación que establecen la juventud como valor único.

Atacados por el pánico

Un ataque de pánico es una reacción de miedo muy intenso y, como he comentado en las páginas precedentes, suele venir acompañado por síntomas físicos evidentes. Hay una causa o agente que hace de detonante, el llamado *disparador*.

Hay varios tipos de ataque de pánico. El *espontáneo* es el más problemático, ya que se presenta de golpe, sin que el disparador sea aparente y sin que la víctima pueda relacionarlo con ningún agente exterior. El *específico* se produce en ocasiones o lugares determinados. El paciente puede evitar los lugares o las situaciones que provocan el disparador; sin embargo, tiene el inconveniente de que, según cuál sea, no le será fácil eludirlo.

Varias medidas que pueden ayudarnos a luchar contra los ataques de pánico son:

- Llevar una vida lo más normal posible.
- No pensar en la próxima crisis o ataque.
- Respirar correctamente. Si notamos que se acerca una situación que nos da miedo, respiremos bien hondo.
- Mantenerse ocupado.
- Pensar de forma positiva y no enfadarse con uno mismo.
- No dar más importancia a los ataques de la que realmente tienen.
- Ponerse en manos del médico si el problema nos limita.

Terapia de exposición progresiva y autorrelajación

Esta terapia, que practicamos en el caso que he mencionado al principio del capítulo, consiste en enfrentar al paciente directamente con el problema causante de su ansiedad, fobia o trastorno. Si se hace de manera gradual, está demostrado que esta terapia da excelentes y duraderos resultados.

En el caso de la agorafobia, si llevamos al paciente a un espacio abierto, es mejor hacerlo acompañado de una persona de su confianza, que le aporte seguridad. En el caso de la fobia a hablar en público, hay que animar paulatinamente a la persona a enfrentarse cara a cara con ese miedo. Llegará un momento en que se habituará y la sensación de ansiedad desaparecerá.

Esta eficaz terapia a menudo se combina con ejercicios de autorrelajación. Para ello, empezaremos concentrándonos en la respiración, en cada inhalación y exhalación. Si estamos en casa, es aconsejable elegir una habitación tranquila y con poca luz. Nos sentaremos en una silla con la espalda recta, cerraremos los ojos y nos concentraremos en la punta de los dedos de nuestros pies, tomaremos conciencia de ellos, subiendo lentamente a los pies enteros, los tobillos... Relajaremos todos los músculos en los que nos concentremos, sin prisas y manteniendo la respiración profunda y relajada. Iremos concentrándonos en los muslos, los glúteos, el vientre, el pecho, el cuello, la mandíbula...

Percibiremos la tensión, algo que realmente no acostumbramos a notar, aunque hay partes de nuestro cuerpo, como la mandíbula, que siempre están en tensión. Por ese motivo, cada vez que somos conscientes de ello y la relajamos, sentimos un rápido y evidente alivio.

Una vez nos hayamos concentrado en todas y cada una de las partes de nuestro cuerpo, regalaremos a nuestra mente imágenes agradables. Podemos pensar en paisajes hermosos y relajantes o en rostros de personas a las que amamos.

Tirar el miedo a la basura

El 95 por ciento de las fobias se curan. Normalmente se utiliza la terapia de exposición progresiva que acabamos de ver junto con la autorrelajación. Se enseña al paciente a dominar las reacciones de su cuerpo y se influye sobre su mente para que vaya cambiando de pensamiento hasta llevarlo a un sentimiento positivo.

Sin embargo, algunos terapeutas últimamente están utilizando una terapia rápida que da buenos resultados.

En primer lugar, se pide al paciente que visualice, en un estado de calma inducido, lo que le produce fobia. En caso de que su sistema nervioso continúe tranquilo, deberá verlo en perspectiva y relatar cómo se siente. Si su sistema nervioso reacciona ante la visión de la fobia, deberá comprobar y reconocer las señales de su cuerpo: ver los efectos que le produce la visión de su fobia.

Una vez reconocidos los efectos, el paciente eliminará el malestar: concentrará su mente en una parte de su cuerpo donde se almacena la tensión, puntuará de uno a diez la intensidad de dicha tensión y dará una forma determinada a esa tensión (por ejemplo: una piedra o un nudo). Hecho esto, visualizará mentalmente cómo lo coge con las manos y lo arroja lejos de sí, con fuerza.

Tras realizar este ritual, se relajará respirando profundamente. Justo después, el paciente volverá a puntuar la intensidad de la tensión y repetirá la visualización para arrojar lejos el objeto con el que identifica esta sensación negativa.

Este proceso deberá repetirse hasta que el temor vaya menguando.

CUATRO CONSEJOS CONTRA LA FOBIA

- Concreta en qué consiste tu fobia (miedo intenso a algo que te lleva a evitar o aplazar).
- Haz pequeños ejercicios de aproximación al objeto fóbico. Inténtalo, a ver hasta dónde llegas.
- Desdramatiza la fobia.
- Si es muy acusada, acude a un psicólogo o psiquiatra que practique la terapia conductista.

TEST

1. Cuando piensas en la muerte...
   a. Experimento una intensa sensación de pánico cuando me aborda cualquier pensamiento fugaz sobre ese tema.
   b. Acepto que es inevitable y me ayuda a vivir la vida con más intensidad.

2. Hablar en público, coger un avión, quedarse atrapado en un ascensor, padecer una enfermedad, sufrir un robo en casa... ¿Cómo te enfrentas a tus miedos?
   a. Tiendo a magnificar sus consecuencias aunque no exista un riesgo aparente de que sucedan. Y eso me provoca estrés, ansiedad y angustia.
   b. Relativizo su impacto y busco la forma de que no me afecten ni paralicen.

3. Con tus hijos eres...
   a. Extremadamente protector y prudente.
   b. Intento fomentarles autoestima y seguridad en sí mismos, dejando que aprendan de sus propios errores.

4. Te ofrecen la posibilidad de cambiar de trabajo...
   a. Temo perder lo que ya he conseguido y rechazo la oferta.
   b. Valoro racionalmente los pros y los contras y tomo la decisión que más me conviene sin miedo al cambio.

5. Tras varios años trabajando en la misma empresa, la compañía quiebra y pierdes el empleo.
   a. Me quedo paralizado durante una buena temporada sin saber qué hacer para seguir adelante.
   b. Me tomo unas merecidas vacaciones y a la vuelta empiezo a trazar un plan con diferentes alternativas para regresar al mercado laboral.

6. Cuando te sientes enfermo...
   a. A menudo temo que se trate de algo grave y acudo enseguida al especialista, a pesar de que también me dan pánico los hospitales.
   b. Dejo pasar unos días para observar cómo reacciona mi organismo antes de alarmarme.

7. **En el pasado experimentaste una situación traumática (accidente, separación, muerte de un ser querido, etc.) y ahora...**
   a. Temo constantemente que la historia se vuelva a repetir.
   b. Sigo viviendo con intensidad el presente, aceptando serenamente el pasado y mirando hacia el futuro sin temor.

RESULTADOS

Por cada respuesta A, suma 2 puntos. Por cada respuesta B, suma 1 punto.

- **Menos de 8 puntos.** Sabes que el miedo es un sentimiento inevitable, pero que puedes controlar cambiando de pensamiento hasta llevarlo a un sentimiento positivo.
- **Entre 8 y 12 puntos.** Aunque has aprendido a desdramatizar los problemas, todavía hay determinadas situaciones que ponen a prueba tu capacidad de controlar intensas reacciones de miedo y ansiedad. Recuerda la reflexión del líder sudafricano Nelson Mandela: «No es valiente quien no tiene miedo, sino quien sabe conquistarlo».
- **Más de 12 puntos.** No puedes dejar que el miedo controle tu vida y tus decisiones. Deja atrás ese lastre y empieza a plantar cara a tus temores hasta desactivarlos por completo o, como mínimo, reducir su poder paralizante.

capítulo
Cuatro ¿Susceptible, yo?

El sufrimiento de ser hipersensible

> *No existe la verdad,*
> *existe la percepción.*
> GUSTAVE FLAUBERT

Laura tiene 53 años y se presenta en mi despacho con su marido, José. Me cuenta que sufren un problema, en realidad un conflicto tonto, pero que puede llevarse la pareja por delante.

Empiezo a citarlos por separado. Laura tiene una hermana dos años más joven que ella, para quien su mayor ilusión era casarse y tener hijos, con la mala suerte de que se quedó soltera y se siente frustrada. Es decir, lo que diseñaba como fundamental para su vida no ha funcionado, y está amargada. Esto ha dado lugar a una persona neurótica que no ha sido capaz de resolver ese problema y asumirlo como una realidad.

El matrimonio pasa parte del verano con ella, y José y su cuñada prácticamente no se hablan. Durante el verano apenas se dirigen la palabra: desayunan, se ven, se dan los buenos días... La comunicación es mínima.

Laura quiere que su marido acepte a la hermana, pero hay unas diferencias irracionales entre ellos compuestas por pequeñas anécdotas, actitudes casi infantiles, que les hacen la vida absolutamente imposible.

Hablo con Laura y le explico lo que haremos. Cuando los médicos que trabajan en el servicio de urgencias tienen a un pa-

ciente con un trauma craneoencefálico, utilizan una ley fundamental en medicina: atajar el hecho somático más grave en primer lugar y dejar lo menos grave para después. En el caso de un trauma craneoencefálico, lo más importante es la cabeza: si un cerebro deja de recibir sangre durante tres minutos, queda afectado para el resto de su vida. Es decir: si llega una persona con hematomas, costillas rotas, luxaciones y un golpe en la cabeza, lo primero es la cabeza.

Por lo tanto, le explico a Laura que lo más importante es seguir una jerarquía afectiva. Para una persona como ella lo principal es su marido y sus hijos. Inmediatamente puede venir su hermana y cualquier otro, pero hay una prioridad.

Le diseño unas pautas de conducta: evitar discutir con José, no sacar los agravios del pasado, no discutir sobre este tema y que cuando vayan en verano a Galicia no duerman en la misma casa que su hermana.

El matrimonio ha aceptado mi mediación y está poniendo en práctica los consejos.

Piel emocional de papel

Una persona altamente sensible (PAS) es aquella que siente hipersensibilidad ante todo lo que sucede a su alrededor. A los profanos les puede parecer que este grupo de personas están en constante conflicto con el mundo que las rodea. Sin embargo, es importante tener en cuenta que el conflicto lo tienen con ellas mismas: suelen sentirse heridas con comentarios inocentes; muy a menudo se sienten atacadas con ofensas que en realidad no existen, ya que los perfiles susceptibles adolecen de muy baja autoestima y son tremendamente vulnerables. Pueden reaccionar de manera imprevisible y la facilidad con la que se sienten heridos deriva en una desproporcionada capacidad de herir a los demás, ya que sus contraataques, al sentirse ofendidos, pueden llegar a ser especialmente virulentos.

La hipersensibilidad tiene su origen en la infancia y se va desarrollando a lo largo de la existencia de las personas. La terapeuta Marina B. Rolandelli opina lo siguiente al respecto: «De niño, el hipersensible construye un mundo de fantasías porque percibe un mundo que le hiere y le provoca angustia y miedo. En la adolescencia se siente incomprendido y solo porque no encuentra con quien compartir sus emociones. En la madurez, el hipersensible sufre también en su relación de pareja: nunca está satisfecho con la demostración afectiva del otro; se muestra inseguro, acaparador, absorbente y celoso. Magnifica las escenas cotidianas porque no encuentra la clave para regular las emociones, lo que provoca una crisis permanente de insatisfacción y angustia».

Corazones de cristal

La personalidad hipersensible puede presentar algunas o varias de las siguientes conductas:

- El individuo está muy preocupado con lo que la gente pueda pensar o decir de él. A menudo cree que los demás murmuran y le critican por la espalda. Puede ser muy desconfiado.
- Si recibe una crítica positiva no le da ni la mitad de importancia que a la crítica negativa. Reacciona sin control ante lo que él o ella considera una burla, aunque el comentario no conlleve ninguna carga negativa. Muchas veces esa respuesta es más interior y consiste en un sentirse mal, atacado, no bien tratado... y aparece una especie de monólogo interior sobre lo sucedido, sin poder distanciarse de esa anécdota.

- Su autoestima es baja y necesita la aprobación constante de los que le rodean. Este hecho se ve agravado porque las PAS son muy críticas consigo mismas, altamente concienzudas y perfeccionistas.
- Suelen ser personas tímidas y más bien solitarias. No se sienten cómodas en las aglomeraciones. Pueden llegar, en algunos casos, a sentirse agredidas en lugares en los que hay luces fuertes o música muy alta.
- Como compensación por las dificultades que muestran en la vida social, acostumbran a tener grandes dotes artísticas e intelectuales en general.

El abuso del alcohol y de las drogas les suele afectar de manera más negativa que a los demás, por lo que estas personas necesitan llevar una vida especialmente ordenada y regular.

Algunos remedios para personas altamente sensibles:

- *Canalizar la vida interior a través del arte.* Apuntarse a talleres de pintura, escultura o escritura es altamente terapéutico para estas personas, quienes pueden empezar escribiendo en una libreta en blanco un diario donde plasmar sus vivencias, opiniones o sensaciones.
- *Aprender a reaccionar más con la cabeza que con el corazón.* A esto lo podemos llamar así: aprender a *ser más cartesiano*[1].
- *Dejar de lado la visceralidad con que lo siente todo.* La

---

[1]. Palabra que procede de Descartes, uno de los padres del pensamiento europeo y que, en este contexto, quiere decir: aprender a utilizar más la cabeza que el corazón, *racionalizar*, pero sin que se pierda calidad. Se trata de una ecuación psicológica en la que empezamos a utilizar más los *instrumentos de la razón* y menos los de la emotividad.

persona altamente susceptible debe ser más cerebral y no reaccionar automáticamente cuando oiga una opinión que *a priori* pueda parecerle ofensiva. Si la pone en cuarentena y deja que pasen algunas horas o días, seguramente comprobará que el comentario carecía de importancia.
- *Juzgar las cosas, no a los demás.* A menudo más que juzgar, se prejuzga, lo cual puede predisponer a una persona en contra antes de que suceda nada. Si no prejuzgamos, evitaremos muchos conflictos. Mejor juzgar los actos en sí que las personas. De esta manera ganaremos distancia y podremos considerar dicho acto u opinión con perspectiva.
- No *sentirse atacado y minimizar los hechos*: este es un arte que, como todo, requiere un aprendizaje sucesivo[2].
- *Practicar la empatía.* La persona susceptible tiene que aprender a ponerse en la piel de los demás. Ganará así un grado de madurez social y podrá entender mucho mejor las opiniones y comentarios.
- *Detectar los días en que uno está más susceptible de lo normal.* Hay días que nos levantamos de la cama con el ánimo nublado o tormentoso. Si somos conscientes de ello, daremos menos importancia a nuestra percepción de las cosas[3].

---

2. Dicho de forma más técnica: *no sentirme aludido*. Pasar por alto ese hecho y tratar de poner en segundo y tercer plano los temas mentales.

3. En la mujer puede suceder en el llamado *síndrome de tensión premenstrual*: unos días antes del periodo, tiene una serie de manifestaciones entremezcladas. Las hay físicas (dolor mamario, mastodinia o dolor o presión en el pecho, molestias en las zonas de proyección ovárica, cansancio anterior al esfuerzo, etc.) y psicológicas (irritabilidad, hipersensibilidad psicológica, llanto fácil, magnificar un problema real de la vida ordinaria, inquietud exterior o interior, respuestas desproporcionadas a estímulos de escasa importancia, etc.). También en la *menopausia*, con todo su componente de dejar atrás la posibilidad de la maternidad. E igualmente en las personas con *depresión endógena* en los cambios de estación, sobre todo en primavera.

> **EXTROVERTIDOS E INTROVERTIDOS**
>
> - Según esta tipología plasmada en sus escritos por Carl Gustav Jung, las personas *extrovertidas* están cargadas de energía. Son sumamente sociables y abiertos a todo lo que los rodea. Les gusta afrontar nuevos retos y no se asustan a la hora de aceptar riesgos. Se amoldan y se sienten cómodos con la sociedad en la que viven. Si esta sociedad sufre cambios o evoluciona, el ser extrovertido no tendrá ninguna dificultad en adaptarse a esas transformaciones.
> - Además, las personas extrovertidas son grandes comunicadores y no tienen ningún problema en expresar sus sentimientos. Al contrario, necesitan hacerlo. Son sociales, amistosas y seductoras, aunque a veces también pueden ser violentas, cargantes y groseras.
> - Por un lado se comunican bien con los introvertidos, porque admiran la capacidad de recogimiento y la discreción de la que ellos carecen. Sin embargo, puede aparecer conflicto cuando el extrovertido ve a su oponente demasiado tranquilo o inaccesible en momentos clave.
> - El *introvertido*, en cambio, prefiere aislarse en su propio mundo, en su burbuja de seguridad. A menudo se le puede ver ensimismado con sus pensamientos y fantasías. Goza de una rica vida interior. Estos perfiles son buenos trabajadores gracias a su poder de concentración y son enemigos de abandonar las cosas a medias. Admiran la simpatía y el don de gentes de los que son extrovertidos, pero a veces los consideran entrometidos, infantiles y superficiales.
> - Es interesante la opinión expresada por la profesora Adriana S. Masuello en su escrito *Introversión y extroversión*: «Los extrovertidos ven un mundo objetivo compuesto por personas y eventos externos, particularmente aquellos en su ambiente inmediato, y ellos actúan dentro de ese mundo. Los introvertidos se sienten más armonizados a su mundo subjetivo e interno, el cual no es directamente perceptible por los demás (y a veces incluso tampoco para ellos mismos)».

¿Timidez o fobia social?

Ante todo hay que diferenciar entre ser introvertido y sufrir timidez patológica (fobia social). El introvertido se siente más a gusto en su mundo. Él mismo ha optado por vivir más su interioridad y no tiene por qué tener problemas para comunicarse con los demás, aunque prefiera mantener distancias con el resto de la sociedad y sea parco a la hora de conversar.

La persona tímida sufre una gran falta de seguridad en sí misma que en muchos casos puede ser superada. Sin embargo, hay casos en que la timidez provoca un enorme sufrimiento e incapacidad de comunicarse. Es importante notar que su soledad no es voluntaria.

El tímido suele tener verdadero terror al ridículo. Es incapaz de hablar en público, pedir un favor o llamar la atención en un lugar donde hay personas desconocidas. Incluso preguntar dónde están los baños puede ser todo un reto imposible de superar.

En un momento de timidez patológica, la persona afectada puede llegar a somatizar. Observamos así enrojecimiento del rostro, sudoración en las manos, taquicardias… e incluso mareos y sensación de pánico.

En un principio, el hecho de que un niño o un adolescente sean muy tímidos no es grave. Es una problemática muy común en esta etapa de la vida. Sin embargo, hay que vigilar que la timidez no lleve a la persona a encerrarse en sí misma. Con el tiempo, un adolescente o un adulto excesivamente tímido pueden llegar a hacer un uso no adecuado del alcohol para desinhibirse, tener grandes dificultades para relacionarse social y sentimentalmente y su vida laboral no dar los frutos que debería por su capacidad intelectual.

CUATRO CONSEJOS CONTRA LA TIMIDEZ

- Sé más cartesiano: utiliza los instrumentos de la razón.
- Ponte una coraza mental para que muchas cosas te pasen de largo.
- Utiliza más la cabeza que el corazón, pero sin que pierda calidad tu personalidad.
- Relativiza los pequeños conflictos que puedas tener.

TEST

1. **De regreso de unos relajantes días en la montaña...**
   a. Explico a mis compañeros de trabajo los mejores momentos que he pasado.
   b. Empiezo enumerando los problemas que tuve (mosquitos, hotel incómodo, mala calidad de la comida...).

2. **Tu jefe te pregunta si necesitas ayuda en el desempeño de tu trabajo...**
   a. Agradezco sinceramente su interés y valoro las ventajas de su oferta.
   b. Sospecho que no está satisfecho con mi trabajo y que quiere reemplazarme.

3. **En una conversación familiar...**
   a. Sé escuchar y aceptar los comentarios del resto, aunque no esté de acuerdo.
   b. Acostumbro a llevar la voz cantante y reacciono mal si alguien me lleva la contraria.

4. **Después de un día de trabajo estresante...**
   a. Intento dejar atrás las preocupaciones y disfruto con la familia o los amigos de una velada relajante.
   b. Comparto con mi gente la ansiedad y acabo contagiando el momento de mi negatividad.

5. **Las sirenas de las ambulancias, el ruido de las obras, el tráfico, las aglomeraciones...**
   a. Son propias de mi entorno urbano y estoy acostumbrado a su presencia.
   b. Me resultan cada vez más insoportables y me ponen de muy mal humor.

6. **Tu casa acostumbra a estar...**
   a. Más bien desordenada y algo caótica. Prefiero dedicar mi tiempo libre a estar con los míos, leer, ver la televisión, practicar deporte...
   b. Perfectamente limpia y con todo en su sitio. ¡No soporto el desorden!

7. **Ante una situación de peligro o riesgo…**
   a. Reacciono con tranquilidad y no me dejo llevar por los nervios.
   b. Me asusto fácilmente y puedo llegar a bloquearme por completo si no controlo la situación.

RESULTADOS

Por cada respuesta A, suma 2 puntos. Por cada respuesta B, suma 1 punto.

- **Menos de 8 puntos.** Tus respuestas indican que eres una persona hipersensible ante todo lo que sucede a tu alrededor. Te resulta complicado controlar tus reacciones, en ocasiones ciertamente desproporcionadas. Puede que haya llegado el momento de rebajar tus exigencias y dejar de ser una persona tan perfeccionista y concienzuda dejando atrás la visceralidad y practicando más la empatía.
- **Entre 8 y 12 puntos.** A pesar de que te gusta tenerlo todo bajo control, ya has aprendido a regular tus emociones y bloquear ese constante y agotador sentimiento de alerta e insatisfacción.
- **Más de 12 puntos.** Tienes la piel *dura* y te adaptas fácilmente a tu entorno y tu realidad. No te afecta lo que piensan los demás de ti ni necesitas saberlo para sentirte más o menos bien. No te gusta estar en guerra con el mundo y eso se traduce en un círculo social envidiable.

capítulo Cinco
Estoy triste y no sé por qué[1]

Acerca de la depresión endógena

> *El mundo está lleno de sufrimiento,*
> *pero también está lleno de superación del mismo.*
> HELEN KELLER

Los padres de Marcos están muy preocupados desde que cumplió los 10 años. Aunque va a una buena escuela y es muy querido por sus compañeros, de un tiempo a esta parte el niño se comunica poco y está triste e insatisfecho. En el patio se aísla de los demás y parece abatido.

Aunque sus profesores han intentado hablar con él, Marcos rechaza cualquier tipo de ayuda. Nadie sabe lo que le sucede hasta que acude a mi consulta. El niño muestra los síntomas propios de la depresión endógena. Eso explica que rehúya el contacto, los episodios de angustia e irritabilidad que me describen los padres, así como el temor excesivo que tiene a la muerte.

Iniciamos un tratamiento farmacológico mientras explico a los padres en qué consiste este tipo de depresión para que conozcan la situación del pequeño y puedan apoyarle de la mejor manera.

---

1. Dado que la depresión es un trastorno potencialmente grave que precisa de diagnóstico y atención médica, he preferido no incluirla en los test de autoevaluación del final de cada capítulo.

Cuando el cuerpo se deprime

La depresión endógena tiene lugar a causa de un desequilibrio químico en el cerebro. El paciente que sufre este tipo de depresión no tiene por qué haber sufrido una experiencia traumática ni haber experimentado una pérdida severa. Es incluso posible que padezca la depresión desde su nacimiento y no lo sepa, que haya convivido con la enfermedad toda su existencia creyendo que forma parte de su manera de ser.

Uno de los síntomas más graves de la depresión endógena es la tendencia suicida. Si eso ocurre, aunque se supere, hay que acudir inmediatamente a un especialista, ya que la crisis puede volver a desatarse en cualquier momento. Cabe destacar que este tipo de depresión puede tratarse de forma exitosa con farmacoterapia.

Dentro de esta categoría caben la mayoría de cuadros depresivos completos. Son los denominados *tetradimensionales*, caracterizados por unos síntomas muy acentuados:

- Anhedonia penetrante (no sentir placer ni inclinación hacia todo lo que habitualmente produce gusto, disfrute).
- Tristeza profunda (distinta en cantidad y calidad de la tristeza de la vida que todo el mundo tiene por algo negativo que le ha ocurrido).
- Sentimiento de culpabilidad (explorar el pasado y sacar un arqueo de caja negativo).
- Reproches a uno mismo (lista de hechos reales o no, que se deforman en negativo y se vuelven contra uno).

En cuanto a la sintomatología más física, cabe destacar la inhibición o ralentizado psicomotor y la sensación, más o menos acentuada, de narcosis o anestesia mental. También se produce un deterioro de la comunicación, que presenta la falta de reacción ante los estímulos ambientales positivos o agradables, apareciendo episodios de mal humor, apatía, desconfianza o irritabilidad.

Entre los denominados síntomas ritmopáticos son comunes los brotes de insomnio tardío —despertar precoz con imposibilidad para reanudar el sueño—, con el correspondiente agotamiento que ello provoca.

EL TERMÓMETRO DE LÁGRIMAS

La psiquiatra Liliana Contreras se refiere a lo que se denomina depresión endógena como «cuadros depresivos en los cuales se reconoce un componente biológico predominante, en contraste con las depresiones reactivas, en las cuales es posible encontrar factores desencadenantes».

Los síntomas, su gravedad y su intensidad difieren según el paciente. Normalmente son los siguientes:

- Pérdida del apetito y, por consiguiente, pérdida de peso.
- Desinterés por todo lo que rodea al individuo, incluyendo cosas que antes le apasionaban.
- Insomnio y, como consecuencia, agotamiento físico y mental. O al revés: hipersomnia (tendencia a dormir demasiado).
- Miedo al futuro, pérdida de la esperanza.
- Tendencias suicidas (pueden ser ideas, pensamientos intermitentes o más bien fijos, o bien inclinaciones que van y vienen y que producen un gran sufrimiento).
- Sentimiento de inhibición.
- Tristeza, melancolía extrema (hay toda una oceanografía de ella, rica y variada): se trata de una policromía de vivencias presididas por un descenso del estado de ánimo, con los matices propios de la cultura de cada uno y la riqueza de expresión verbal.
- Mal humor, irritabilidad.

Si una persona presenta un cuadro depresivo con algunos de estos síntomas, aunque sea bastante leve, es mejor prevenir y acudir a un especialista, sobre todo si aparecen las tendencias suicidas.

Los nombres de la tristeza[2]

Muchos psiquiatras actuales han dejado de distinguir entre depresión exógena y endógena, prefiriendo una clasificación más amplia para los diversos tipos de depresiones, de las cuales vamos a destacar las siguientes:

- *Depresión severa (trastorno depresivo mayor).* Los síntomas que sufre el paciente actúan de manera implacable en el día a día, incapacitándolo para llevar una vida normal. Es la más grave.
- *Distimia (depresión crónica).* Presenta unos síntomas parecidos a la depresión severa pero en menor intensidad, prolongándose más tiempo, un mínimo de dos años. El enfermo puede llevar una vida casi normal, pero la sintomatología le afecta de manera evidente. Hoy, el psiquiatra y el psicólogo deben saber lo importante que es compaginar bien la medicación y la psicoterapia.
- *Trastorno bipolar (enfermedad maníaco-depresiva).* Aunque tiene una entidad separada de la depresión, quien lo sufre ve alterado el sistema que regula el estado de ánimo. El paciente padece bruscos cambios de humor, llegando a perder temporalmente la razón. Dicho trastorno raramente se desarrolla en la infancia. Es más propio de la edad adulta (pero no siempre) y suele ser hereditario. Hoy el pronóstico ha cambiado en positivo con los nuevos avances.

---

2. El perímetro de ella es zigzagueante. Si intentamos apresar su concepto, resbalan por nuestro vocabulario privado las palabras *aflicción, pena, desdicha, pesadumbre, desconsuelo, desolación, abatimiento, desazón* y un largo etcétera. En todas ellas late el mismo ritornelo: un sentimiento de desgracia que serpentea el paisaje interior y muestra una amalgama de expresiones internas.

- *Depresión atípica.* Los pacientes son personas que comen y duermen excesivamente. A causa de ello se culpabilizan y tienen un agobiante sentimiento de rechazo: creen que no gustan a los demás.
- *Depresión doble.* Se trata de una complicación de la depresión crónica o distimia. La sintomatología se agrava en algunos episodios, llegando a alcanzar el nivel de la depresión severa o mayor.
- *Trastorno afectivo estacional.* Son cuadros depresivos que se dan periódicamente al llegar el otoño y el invierno. Al llegar la primavera, el paciente suele mejorar. El paciente suele asimismo comer y dormir en exceso cuando se encuentra en la fase crítica.
- *Trastorno disfórico premenstrual.* La palabra «disforia» se mueve cerca del término «euforia» (alegría y vitalidad patológica) y quiere decir una mezcla de ansiedad difusa e irritabilidad mal dibujada. Se trata de un estado de ánimo presidido por esa vivencia y que se da la semana anterior a la menstruación aproximadamente. Suelen remitir al llegar el periodo menstrual.

Las estadísticas de la depresión

Según la agencia de prensa Europa Press, en el 2009 había un 10 por ciento de españoles, unos cuatro millones de habitantes, que sufrían algún tipo de depresión. El estudio realizado resaltaba que tan solo el 40 por ciento de ellos recibía el tratamiento adecuado.

Desafortunadamente las estadísticas van en aumento, ya que la crisis económica ha agravado estas cifras de manera alarmante: en los últimos cinco años, los casos de depresión han aumentado en España un 19,40 por ciento, según los datos aportados por la periodista Nuria Jar en el SINC (Servicio de Información y Noticias Científicas). En un artículo publicado en junio del 2012 menciona que los casos de distimia (depresión crónica) crecieron un 10,80 por ciento, mientras que los casos de ansiedad se incrementaron un 8,40 por ciento y los ataques de pánico también siguieron esta tónica, subiendo un 6,40 por ciento.

La depresión afecta actualmente a más de 350 millones de personas en todo el mundo y provoca cada año aproximadamente un millón de suicidios. Dicho de otra manera, unas tres mil personas se quitan la vida al día. Hay que tener en cuenta que por cada persona que consigue suicidarse, hay veinte que no lo han culminado, a menudo porque tratan de llamar la atención sobre el drama psicológico que están sufriendo.

Grecia era uno de los países del mundo en el que el índice de suicidios era menor, pero, debido a la crisis económica galopante, el índice de intentos de suicidio aumentó un 36 por ciento en el año 2011.

El país con el mayor porcentaje de enfermos de depresión es Francia, con un total de 21 por ciento, seguido por Estados Unidos, con un 19,20 por ciento.

DOS CONSEJOS CONTRA LA DEPRESIÓN ENDÓGENA

- Es de vital importancia visitar cuanto antes a un especialista para recibir medicación. Si el paciente es disciplinado con los fármacos pautados, los resultados serán buenos.
- No estar muy pendiente de cómo se encuentra por dentro.

capítulo
Seis   El arte de encajar los golpes
Entender los episodios de tristeza

> *La palabra «felicidad» perdería su significado
> si no estuviera equilibrada por la tristeza.*
> CARL GUSTAV JUNG

Olga es una mujer de 83 años con mucha clase y muy presumida que acude siempre a mi consulta con su empleada del hogar.

La primera vez que la veo, reparo en que presenta un fondo depresivo motivado por el aislamiento. Tiene lo que hoy se llama una «vida depresiva», sin retos, nada estimulante en el futuro, una existencia solitaria.

Cada verano viaja a Santander para ver a su hermana y a su sobrina. Ellas se la llevan a hacer cosas y su estado de ánimo cambia radicalmente. Según me cuenta la asistenta, hasta se le olvidan las pastillas. De pronto su vida se llena y hay una activación por el optimismo de tener cosas que hacer, porque cuentan con ella. Durante esas cuatro semanas es otra persona.

Cuando vuelve a Madrid, Olga regresa al mismo patrón.

Estamos trabajando sus hábitos cotidianos para trasladar esa animación y estímulo a su vida en la ciudad, de modo que pueda dejar atrás la depresión exógena.

Causas externas de la depresión

Hay que saber distinguir aquí entre los *macrotraumas* (impactos de enorme gravedad en la línea apuntada) y los *microtraumas* (que son de menor intensidad, pero que forman una constelación de factores menos importantes y la suma de todos ellos desestabiliza a la persona).

En cualquiera de los casos, como su nombre indica, la *depresión exógena*[1] es causada por un agente exterior. Es decir, existe un motivo para que una persona sufra esta enfermedad.

Puede estar ocasionada por infinidad de causas, pero citaremos las más comunes. De hecho, a menudo un cuadro depresivo no obedece a una sola causa, sino a varias de ellas:

- *Muerte de un ser querido*. La pérdida de alguien muy importante para nosotros siempre crea un trauma. Suele haber un periodo normal de duelo, pero si este se alarga en el tiempo y la persona no reacciona, el estado de tristeza puede degenerar en patología. El tiempo cura todas las heridas, es el gran bálsamo.
- *Un fracaso económico de cierta importancia*. Este impacto es decisivo y produce una respuesta de hundimiento psicológico, cuya intensidad depende de muchos matices.
- *Un fracaso amoroso*. El hecho de no ser correspondido por la persona amada puede ser devastador en el estado de ánimo, especialmente en adolescentes. El fracaso de una relación también puede llevar a trastornos depresivos.
- *En la mujer es más duro el desengaño sentimental*, mientras que en *el hombre es más impactante el fracaso económico y profesional*. Hoy esto ha cambiado en buena medida con

---

1. También se la llama *reacción depresiva* o *depresión reactiva*. El significado clínico es el mismo.

la incorporación de la mujer a las actividades laborales tradicionalmente masculinas.
- *Hostilidad social.* Una atmósfera de rechazo es altamente destructiva para cualquier persona. Las escuelas son un caldo de cultivo para ello: si un niño es objeto de burlas, bromas pesadas, amenazas o agresiones de otros compañeros, pueden aparecer síntomas de depresión, y ocurre también en adultos cuando hay hostilidad en el ambiente laboral, vecinal, de pareja...
- *Soledad no buscada*: personas que viven muy aisladas o que se han ido encerrando en sí mismas o que por una serie de motivos no tienen vida social o que viven para trabajar, o por un sumatorio de factores diversos... El resultado es grave y puede tener un pronóstico difícil[2].
- *Falta de luz solar.* La alta incidencia de las depresiones en los países nórdicos tiene mucho que ver con la falta de rayos solares. De hecho, para paliar los efectos de cualquier depresión, una de las medidas es pasear al aire libre y recibir luz solar en nuestra piel.

ARTESANÍA PERSONAL

La personalidad puede y debe trabajarse. Esta tiene tres raíces: *genética* (equipaje hereditario, temperamento), *educacional* (el carácter) y *biográfica*. Este es el ensamblaje fundamental de la personalidad, que podemos comparar con una gran orquesta con muchos instrumentos: piano, violines, trompetas... Pero también está el director de orquesta, la persona, que es quien tiene la capacidad para ensamblar todos los instrumentos de forma armónica. En la personalidad, sería el mundo afectivo, la razón, los pensamientos...

---

2. En los últimos años he hablado de *vida depresiva*: es una existencia presidida por la monotonía diaria y la soledad más absoluta. Esa combinación es muy dura y hay que explicárselo a esas personas.

Remedios contra la tristeza

Actualmente estamos expuestos a muchas influencias negativas que pueden minar nuestro estado de ánimo. A las malas noticias que nos llegan a través de los medios de comunicación se suman el nerviosismo general y un estado de desánimo que acaba calando en la población.

Para evitar que la depresión se instale en nosotros, necesitamos más que nunca cuidar de nuestro cuerpo y nuestra mente, de modo que podamos afrontar cualquier dificultad con buen ánimo.

Veamos algunas medidas prácticas que podemos tomar en el día a día:

- *Descansa las horas necesarias.* El insomnio es otra de las grandes causas de la depresión y otras enfermedades, como ya hemos dicho anteriormente. Si el trabajo y las preocupaciones nos avasallan, hay que saber desconectar y no robarle horas al sueño.
- *Ve siempre el lado positivo de todo.* Esto necesita una educación de la mirada. Y el esfuerzo por tener una *visión larga de la jugada.* Es también madurez.
- *Evita el alcohol.* Es ya de por sí un potente agente depresivo, todavía más si lo tomamos en exceso. El llamado *lubricante social* es, sin duda, un arma de doble filo.
- *Disfruta de la comida.* Evitemos los alimentos rápidos o pesados. No se trata de saltarse las comidas, sino de comer de forma saludable y comedida. Es mejor comer poco y a menudo que darse un atracón una o dos veces al día.
- *Busca relaciones sanas: llama a tus amigos, queda con ellos, habla y desahógate.* Una agradable conversación con una persona afín puede elevar el estado de ánimo de forma no-

table. No nos quedemos en casa con nuestras cavilaciones, es muy positivo airearlas.
- *Realiza actividades al aire libre.* Tal como hemos visto, los rayos de sol y un poco de ejercicio físico son vitales para regular nuestro organismo. El deporte programado es orden y disuelve tristezas desdibujadas.
- *No hagas una montaña de un grano de arena.* No hay que magnificar los problemas[3]. Muchos de ellos no nos parecerán importantes cuando los veamos, con perspectiva, de aquí a un tiempo.
- *Revisa tu árbol genealógico.* Si tenemos antecedentes de familiares con depresión, es recomendable vigilar nuestro estado, pero sin obsesionarnos con ello.

Un tema serio

Hemos hablado de la prevención y de consejos para superar la depresión, pero hay que ir con cuidado, pues son solo un complemento en caso de que estemos ante una depresión grave. Si esta fuera la situación, dar paseos bajo el sol, hablar con los demás y comer adecuadamente son recursos válidos e importantes, pero insuficientes.

Según el psiquiatra norteamericano Peter D. Kramer, tan solo uno de cada ocho pacientes de depresión recibe el tratamiento que necesita. En su libro *Contra la depresión* insiste en que es una enfermedad grave que deber ser tratada con la misma seriedad que un cáncer o la malaria.

---

3. Madurez es saber darle a las cosas que nos pasan la importancia que realmente tienen.

Hay que tener en cuenta que la depresión puede alterar gravemente nuestro organismo. No es una melancolía que pueda ser sanada con una película de los hermanos Marx, un poco de deporte y salir a cenar con amigos. La depresión es muy destructiva, ya que altera las glándulas, el córtex prefrontal, el sistema circulatorio y el hipocampo. El cerebro sufre auténticos estragos físicos.

La depresión es una enfermedad que ha de ser tratada por especialistas, los cuales nos propondrán la terapia más adecuada, ya sea farmacoterapia, psicoterapia o la combinación de diferentes sistemas terapéuticos. Si es *exógena* hay que añadir *laborterapia* (trabajo, ocupación) y *socioterapia* (gente, relaciones).

Si creemos que estamos aquejados de una depresión y tenemos la sensación de que nuestro médico de cabecera no ha sabido identificar la enfermedad, pidamos una segunda opinión a un especialista.

Retorno al agujero

En primer lugar, una aclaración sobre algo que se ha dicho demasiado a la ligera: los antidepresivos no crean adicción. Este es un prejuicio que ha hecho mucho daño y ha apartado del tratamiento a enfermos que lo necesitaban. Eso sí, las dosis de cada toma y la duración del tratamiento debe ser supervisada por un especialista.

Cierto es que los psicofármacos pueden crear algunos efectos secundarios molestos, pero no suelen revestir gravedad. En todo caso, en el momento en que aparezcan es imprescindible comunicárselo al médico para que pueda cambiar o reformular nuestra terapia.

Jamás hay que abandonar una medicación sin consultar con el médico, ya que el riesgo de recaída sería muy alto. Además, muchas recaídas acaban siendo más graves que la depresión original y la situación podría complicarse.

Abandonar un tratamiento es algo muy delicado, ya que hay que hacer un seguimiento al paciente para asegurarnos de que efectivamente ha superado el trastorno depresivo. No es algo tan sencillo como dejar de tomar un simple jarabe para la tos.

> TRES CONSEJOS CONTRA LA DEPRESIÓN EXÓGENA
>
> - Distinguir si es debido a un *macrotrauma* (pérdida del trabajo, muerte de un ser querido, ruina económica, una humillación muy clara) o a un *microtrauma* (muchas pequeñas cosas negativas que se han acumulado).
> - Si se debe a un microtrauma[4], hay que replantearse la vida en positivo para reabsorber lo sucedido. El macrotrauma precisa de un tiempo de duelo e incorporar nuevas motivaciones.
> - Debemos concebir la vida como una operación que sucede hacia adelante, entender que todo continúa y aprender de los errores del pasado.

---

4. Una buena respuesta a esto es la *resiliencia*: la capacidad para resistir con fortaleza situaciones negativas límite, para sobreponerse a ellas y salir fortalecido. Tiene dos notas en su interior: una primera que es una *actitud resiliente*, estar siempre bien dispuesto para crecerse uno ante las adversidades y no darse por vencido; la segunda, la *reacción resiliente*: desarrollar estrategias para adaptarse a esa nueva situación, recuperarse y salir mejor que cuando uno entró en ella.

Remito a dos textos que pueden aclarar más este concepto: Rafaela Santos, *Levantarse y luchar,* Conecta, Barcelona, 2013, y mi libro *No te rindas,* Temas de Hoy, Madrid, 2011.

TEST

1. **Miras hacia el futuro y te sientes...**
   a. Lleno de inquietud, sin ganas de seguir luchando y falto de energía.
   b. A pesar de las dificultades y preocupaciones, ilusionado por todo lo que me falta por vivir y experimentar.

2. **En tus quehaceres cotidianos...**
   a. Siento que cada vez me cuesta más acometer las actividades diarias con paciencia y buen estado de ánimo.
   b. Mantengo la concentración y evito pensamientos negativos que puedan desanimarme.

3. **¿Cómo te sientes en el trabajo?**
   a. Sin ganas de emprender nuevos proyectos y con la sensación de estar perdiendo el tiempo.
   b. A pesar de la rutina, satisfecho con mi labor dentro del equipo e ilusionado con las expectativas de crecimiento en el seno de la compañía.

4. **Cuando hablas con tus familiares, amigos o compañeros de trabajo, tienes la sensación de ser...**
   a. Menos feliz y realizado que ellos.
   b. No acostumbro a poner a prueba mi autoestima con ese tipo de comparaciones.

5. **¿Cuándo lloraste por última vez?**
   a. Tengo ganas de llorar a todas horas, a veces por cosas sin aparente importancia.
   b. No recuerdo cuándo, pero sí el motivo.

6. **Ante una situación estresante, un problema o preocupación te muestras...**
   a. Irritable y con más tensión, negatividad y pesimismo de lo acostumbrado.
   b. Con una actitud y disposición positiva y proactiva.

7. **Al acostarme...**
   a. Me cuesta conciliar el sueño y por la mañana no hay quién me levante.
   b. Duermo ocho horas de un tirón y sin problemas, aunque si atravieso un etapa de estrés suelo despertarme alguna vez durante la noche.

RESULTADOS

Por cada respuesta A, suma 2 puntos. Por cada respuesta B, suma 1 punto.

- **Menos de 8 puntos.** Los resultados de este test son meramente orientativos, pero en tu caso deberías plantearte consultar con un especialista para que diagnostique el motivo de tu acusada falta de ánimo.
- **Entre 8 y 12 puntos.** En ocasiones te cuesta seguir adelante y ver el lado positivo de las cosas. Pero en general tienes buena disposición de ánimo y sabes detectar y controlar los pensamientos negativos que juegan en tu contra.
- **Más de 12 puntos.** No dejas que las circunstancias y los escollos de la vida, por muy estresantes o angustiosos que sean, puedan con tu espíritu positivo, optimista y luchador.

APÉNDICE

La autoestima en la infancia

Aunque un niño no tiene memoria de sus tres primeros años, *la infancia es la edad más feliz de la vida*. Es poco frecuente que se recuerde hechos de ese tiempo, salvo excepciones. Todavía los engramas de la memoria cerebral son incapaces de retener esas vivencias primerizas, que resultan inolvidables para la madre y *totalmente olvidables* para el niño. Es sinuosa la frontera sobre cuándo empiezan a quedar retenidas y archivadas las primeras imágenes. Pocas cuestiones intrigan más que esta a los psicólogos: ¿cuándo y cómo los niños comienzan a pensar con símbolos y cómo va creciendo su mente?

Fue Jean Piaget uno de los pioneros en estas cuestiones y afirmó que no debemos considerar la mente de un niño como un modelo en miniatura del adulto, ya que elaboran su conocimiento del mundo de modo radicalmente distinto. Todo se va desarrollando según *unas etapas ascendentes*, que van de reflejos sencillos que se asocian a razonamientos cada vez más abstractos[1]. El cerebro va

---

1. Podemos describir una serie de etapas del desarrollo infantil: la primera es *sensomotora*, que va desde el nacimiento hasta los 2 años. Los niños comprenden el mundo a través de lo que ven, oyen, tocan y paladean... No olvidemos que el niño conoce el mundo por la boca, todo se lo lleva a la boca. Y también cómo

madurando al crear conceptos, a los que Piaget llama esquemas, que son modos de mirar al mundo según experiencias anteriores y que nos ayudan para las experiencias que irán viniendo en el futuro. *Pasamos de esquemas simples a otros más complejos.*

Cuando una madre alimenta a su hijo durante los primeros meses de su vida y le da el pecho, el gran beneficio psicológico es para la madre, que siente una ternura especial al comprobar que un ser de su propia carne y sangre necesita absolutamente de todo para sobrevivir y ella se entrega totalmente a él. Para el bebé el beneficio es físico, pues, si la madre se encuentra en condiciones sanas, la leche materna es lo mejor. Pero lo que está claro es el que el niño no va a tener recuerdos de esa experiencia, aunque sonría, se alegre y reconozca a la madre por el olfato.

Cuando nace un animal, a las horas de estar en este mundo tiene ya una movilidad y unos dispositivos de conducta propios de su especie que le hacen prácticamente valerse por sí mismo. Toda la genética se pone en marcha y en pocas semanas su aprendizaje le hace situarse al mismo nivel de sus padres.

En el niño sucede lo contrario. Nace indefenso al máximo. No solo no puede valerse por sí mismo, sino que necesita ayuda desde lo más elemental y primario. Esta es la gran paradoja entre

---

es su plano motor: descubren el movimiento. Este niño tan pequeño solo vive el presente, el aquí y ahora. *Lo que está fuera de su vista está fuera de su mente.* Es a partir del año y medio cuando el niño va a desarrollar la memoria de las cosas que no ve.

Una segunda etapa es la *egocéntrica*: no son capaces de percibir las cosas desde el punto de vista del otro. Esto se da en la edad preescolar, de los 2 a los 3-4 años aproximadamente. Sus palabras son: yo, mi, mío... Piaget la llamó *etapa preoperatoria*: aún no son capaces de realizar operaciones mentales, pero ya funciona la memoria y archiva percepciones.

En tercer lugar, aparece la *etapa operatoria concreta,* hacia los 6-7 años.

En cuarto lugar, está la *etapa operatoria formal*, que es ya hacia los 11-12 años y consiste en que el pensamiento abstracto empieza a funcionar, así como el razonamiento sistemático.

el niño y el animal. Lo vemos en un polluelo, en un cervatillo, en un cachorro de perro y, por supuesto, en la escala filogenética de los animales superiores, como el mono o el chimpancé. El ser humano tarda un año aproximadamente en ponerse al mismo nivel que los mamíferos en el momento de nacer. Es el absoluto desamparo.

Y no hay que perder de vista que el niño duerme y duerme. Es *la edad del sueño*. Y eso lo sabe su madre, que cuida con detalle las muchas horas que pasa su hijo dormido y la necesidad que tiene de ello.

Pasos hacia la libertad

El *desarrollo físico* del niño es apasionante. Y, cuando hemos tenido la oportunidad de ver crecer a nuestros hijos o a los nietos, uno se sorprende sobre cómo se va produciendo la adquisición de los movimientos. Es emocionante ver a un niño que empieza a ponerse de pie y se desplaza y asoman los primeros atisbos de libertad. Va ganando seguridad en sus desplazamientos, necesita apoyarse en las cosas que tiene a su alrededor.

Los padres siguen con emoción esos balbuceos motrices y disfrutan observando esos progresos graduales, que son jaleados por la familia y a los que el niño responde yendo a más cada día.

Con la dieta adecuada progresa en peso, talla y morfología corporal. El niño sostiene la cabeza hacia los 4 meses. Y hacia los 6 meses es capaz de adquirir la posición de sentado. Un poco antes ya es capaz de realizar la aprensión de los objetos. Poco después, es capaz de «andar a gatas». A los 10-12 meses ya puede mantenerse en pie. Aunque las caídas son frecuentes, todo va siguiendo un ritmo lento, gradual, sucesivo.

El instrumento de la lengua

El *desarrollo psicológico* del niño es sorprendente. Lo primero que llama la atención es cómo empieza a repetir palabras que escucha y lo hace con balbuceos lingüísticos (*fonemas*: unidades elementales del lenguaje verbal), comiéndose parte de ellas, lo que provoca la simpatía de los que viven a su alrededor al ir viendo cómo se produce algo tan importante como *la adquisición del lenguaje.*

Así, *cuando un niño tiene año y medio maneja unas cincuenta, sesenta o setenta palabras.* Aún su vocabulario privado es escaso. *Cuando tiene 3 años el vocabulario se ha multiplicado: y maneja unas mil.* En tan poco tiempo la comunicación verbal ha crecido de forma exponencial.

El niño señala los objetos con sus dedos, los fija y los va incorporando a su mente. Realiza su aprendizaje mediante un proceso de repetición. La importancia de los padres en esta época de la vida es clave, pues el niño es una esponja que chupa todo lo que le va llegando, y unos padres activos y motivadores son decisivos para que se vaya produciendo *un desarrollo integral*[2].

El niño va descubriendo la vida. *Toda la infancia se despliega en la simbiosis madre-hijo.* Es un binomio esencial. El papel de la madre tiene un puesto decisivo.

El reto de la sociabilización

La llegada del niño a la *guardería*, primero, y al *colegio*, después, reviste un interés evidente. Deja de ser de alguna manera el rey de

---

2. La palabra *integral* irá saliendo a lo largo de las páginas de este libro y significa la capacidad para reunir, mezclar y asociar cinco vertientes claves del ser humano: *física, psicológica, social, cultural y espiritual.* Y que esta asociación forme un *conjunto armónico.* Ese es el reto. Volveré sobre este punto.

su casa para ser uno más. Es normal el llanto, la dificultad para aceptar el estar con otros niños de su edad y tener que entenderse con ellos y aceptar las primeras *normas de conducta* y ser capaz de ir descubriendo la presencia de otras personas y de relacionarse.

La llegada al colegio en torno a los 5 años es un acontecimiento que el niño debe ir asumiendo con la ayuda de sus padres. Aprenderá a adaptarse y establecerá una cierta comunicación a la vez que descubre los primeros sentimientos nítidos y aún no contaminados: la simpatía y el rechazo, el estar contento, la envidia, el miedo, la rivalidad, las peleas, el tener que compartir los juguetes, ir aceptando una cierta disciplina...

Todo ello encierra un valor educativo grande. Es la primera fase de la socialización. Entonces emerge *la edad del juego*: empieza a entender para qué sirven las cosas, cómo pasar el tiempo, cuáles son las normas que se van imponiendo... Y llega a continuación *la edad de las preguntas*: ¿por qué? Y son muchas las que el niño trae consigo y es menester ir teniendo unas respuestas más o menos convincentes según las características de la personalidad que va poco a poco elaborando.

El *juego* es una actividad sumamente útil y tiene un relieve psicológico de primera importancia. Es ante todo un impulso a la actividad. Se trata, además, de un modo de relacionarse con otros niños y una manera de aprender y de elevar su sensación de vivir, así como un descanso psicológico adecuado y un aumento de la conciencia de sí mismo[3].

Más tarde empieza a escribir y garabatear en hojas de papel. No olvidemos que *el lenguaje es anterior a la gramática*: el niño habla pero aún no conoce las palabras, que es algo que vendrá

---

3. El que un niño no juegue o que, de pronto, deje de jugar es un síntoma grave de que algo negativo le está pasando. Podríamos decir que es *el primer síntoma* de una depresión enmascarada o de un desorden psicológico de cierta importancia.

después. Empieza a dibujar y a juntar las letras para formar palabras. Todo eso lleva su tiempo. Se sumerge en un mundo nuevo, que le cuesta y en donde emergen los primeros esfuerzos, para vencer la dejadez: *educar a un niño es introducirlo en la realidad con amor*. De los 3 a los 6 años hablamos de una *etapa personalista*, ya que los vocablos *yo, mí, mío* aparecen muy a menudo y son moneda corriente del vocabulario que va manejando y repitiendo una y otra vez.

La segunda infancia

En la fase posterior, hablamos de la entrada del niño en la *psicología escolar*. La denominada *segunda infancia* va desde los 6 a los 11 en las niñas y a los 12 o 13 en los niños.

Se produce aquí una importante *metamorfosis corporal*. La figura corporal se redondea y se activa el sistema muscular. En el plano psicológico, el niño pasa de estar más o menos centrado en su mundo interior a salir de forma decidida hacia el mundo exterior.

Aparece lo que denominamos en psicología el inicio de la *madurez escolar*: capacidad para relacionarse con los compañeros, hacer sus deberes, tener una cierta responsabilidad de las tareas que les encargan en el colegio e ir aceptando las normas del centro escolar por un lado y de la familia por otro. Aunque la imaginación y la fantasía siguen en un primer plano, el niño se va dando cuenta de que vive en un mundo que necesita entender.

Llega de ese modo una cierta *actitud crítica*, que significa empezar a no estar de acuerdo con todo lo que se dice, pide o exige y se empieza a plantear *los porqués* de todo eso. Asimismo la *inteligencia* va a ir pasando poco a poco a un primer plano: son preguntas interesantes que de pronto saltan y ponen de manifiesto que se está dando cuenta de lo que sucede a su alrededor. *Si educar es enseñar a pensar, la cultura es enseñar a vivir*. Esto segundo queda aún lejos.

El cobijo de la familia

La *familia* es el hábitat central del niño, es lo que le va a dar seguridad y confianza. Para él significa amor y un ambiente en el que se siente a gusto, seguro, tranquilo. Por eso las *familias disfuncionales*[4] son una fuente de malestar que dará lugar a entornos poco sanos, donde ese niño va a sufrir la falta de equilibrio del grupo familiar, y esto puede tener en el futuro consecuencias negativas.

En las parejas con *hijos adoptados*, algo hoy muy frecuente en Occidente, es importante que ese niño sea querido y reciba la ternura y el amor de sus padres adoptivos con toda la fuerza que sea posible. Es importante explicarle a la edad adecuada, según su psicología, que *es adoptado* y que sus padres le quieren con todo el amor de que son capaces y ayudarle a aceptar esa condición sin ningún tipo de complejos, con naturalidad. Y explicarlo a sus compañeros de clase con claridad y sencillez[5].

---

4. Se llaman así aquellas en las que no hay armonía, equilibrio, buena relación entre los padres y que, por tanto, dan lugar a muchas *carencias afectivas* en los hijos, que antes o después pueden dejar una secuela importante, pues son chicos que van a ir creciendo con una cierta *desarmonía psicológica* que tendrá unas consecuencias negativas en el futuro.

5. Si en el colegio hubiera algún tipo de problema, es importante hablar con los profesores y dejar bien claro el asunto: que el niño se sienta bien y que no exista ningún tipo de discriminación o maltrato psicológico. Si lo hubiera, hay que actuar enseguida.

Hoy el hecho de la adopción está absolutamente aceptado en nuestro medio social, sin ninguna dificultad.

Aprender a pensar

Uno de los objetivos primeros en esta etapa de la vida debe ser enseñar a razonar. Aplicar los criterios de discurrir para comprender los hechos que suceden. Esa tarea es sobre todo de los padres, pero, como lo niños pasan muchas más horas en el colegio que en casa (excepto el fin de semana), es una misión de los maestros *enseñar a pensar* y entender las normas y pautas que vienen de los adultos para captar el sentido y la importancia que tienen.

También es muy sugerente enseñar a los niños a pintar. Al principio, cuando tienen solo 6 o 7 años, se trata de un ejercicio interesante, porque mide su capacidad imaginativa. Se le pueden poner delante distintos dibujos para que los copie: no es lo mismo que se trate de un paisaje, de un retrato, de una naturaleza muerta o de algo abstracto.

Es muy interesante el trabajo de investigación al respecto llevado a cabo por Reinhold Steinbeck[6], donde se pone de manifiesto que *es más importante enseñar a pensar y a resolver problemas desordenados que acumular conocimientos.*

El pensamiento divergente

Con anterioridad, Land y Jarman (1993) sometieron a 1600 niños de 5 años a un test sobre su capacidad para pensar de manera divergente, y lo repitieron con los mismos niños cuando

---

6. Cfr. Su trabajo «Building Creative Competente in Globally Distributed Courses through Design Thinking», *Comunication*, 37, XIX, pp. 27-35, 2011. Él es profesor de Diseño y Creatividad de la Universidad de Stanford, en California (EE. UU.), y subraya su concepto de *design thinking* como la necesidad de recuperar la creatividad y la innovación como tarea educativa, llamando a la sensibilidad de esa persona.

tenían 10 años y luego con 15. Estos mismos investigadores sometieron al mismo test a 280 000 adultos. El test que utilizaron estaba basado en una herramienta psicológica de la NASA para medir el pensamiento divergente de sus científicos.

Los niños de 5 años tenían un nivel de creatividad altísimo, del 98 por ciento; con 10 se había reducido al 30 por ciento y con 15 años había bajado hasta el 12 por ciento.

Es decir, que, cuanto más sencillo y puro y descontaminado de información está el niño, su capacidad para las expresiones de dibujo, pintura y creatividad eran mucho mayores.

Joan Miró, uno de los grandes pintores de vanguardia del siglo xx, decía en el último tramo de su vida: «Después de tantos años de trabajo, creo que he logrado pintar como un niño».

El dibujo es un estupendo medio de comunicación del niño y su espontaneidad está llena de frescura. Sus lápices y papeles son un reto y, a la vez, un pasatiempo. Con ingenua vanidad, el pequeño enseña a sus padres lo que ha realizado y él mismo se sorprende de lo que ha salido de sus manos y, sobre todo, de su capacidad.

Son muchas las cosas que pueden ser exploradas en este sentido: la geometría, el manejo de los colores y su distribución, el tamaño, los personajes que aparecen… Todo va a revelarnos el niño que hay dentro y que se va asomando a la pubertad por esta ventana de la fantasía y la creatividad. Hacerle a un niño dibujar es motivarlo para que se descubra a sí mismo y explore su mundo interior, siendo este un método para acceder a su intimidad. Se juntan aquí originalidad y libertad.

Este mismo experimento podemos hacerlo con nuestros hijos. Cuando tienen pocos años, nos sorprenden sus garabatos y la mezcla de colores con diferentes lápices, así como la gracia y la novedad que representan lo que ellos hacen; cuando empieza la pubertad, esto cambia y se vuelven menos expresivos, más sosos, con menos espontaneidad..., quizá porque se tienen que amoldar a un estilo o porque se espera de ellos una composición concreta que se ajuste a unos cánones prefijados.

Acompañar a alguien

Un niño que ha crecido con una infancia sana física y psicológicamente, una familia estable y que ha recibido una educación positiva (educar es acompañar a alguien, introducirlo en la realidad con amor) tiene unas condiciones de salida muy positivas.

La educación es una forma gradual de ver la realidad. Si un niño de 10 años, por ejemplo, descubre la sexualidad bruscamente, quedará marcado y sufrirá un «defecto de fábrica» para toda la vida. En familias disfuncionales la infancia no es la etapa feliz de la vida y eso deja secuelas para siempre.

Cuando, por ejemplo, los que llamo «niños ping-pong» se ven obligados a pasar unos días en casa de la madre, otros en casa del padre y otros tantos en casa de los abuelos, se vuelven inseguros. Lo primero que necesitan los niños es una seguridad espacial: sus cosas, su cama, su espacio.

Un momento crucial es cuando aparece uno de los grandes valores de la vida: el *concepto de la amistad*. Los grandes temas afectivos tienen en los niños una gran frescura, pues no están matizados por la cultura, las normas sociales o el ambiente... Sus sentimientos son totalmente puros. El descubrimiento de compartir buenos momentos con un amigo es muy importante para un niño.

El *concepto de hermandad* es otro sentimiento que deben aprender. Los niños con hermanos aprenden a compartir antes su espacio, los juguetes, heredan ropa, etcétera.

Un caso de problemática infantil: el niño rebelde

Llega a mi consulta Óscar, un niño de 8 años que tiene una hermana de 3. Ha engordado en los últimos tiempos, pues come de forma compulsiva y, además, cosas insanas. Desde los 6 años, Óscar sufre unas grandes rabietas que a los 8 años se han convertido en insultos hacia sus padres. No atiende en casa ni en clase, no quiere comer lo que le dan y su comportamiento en general es muy malo. Sorprendentemente, en el colegio se porta bien.

Cuando hablo con el niño a solas, analizo las principales áreas de conflicto, que son los insultos, la desobediencia y las reacciones agresivas en las que tira la comida o arroja objetos. Me doy cuenta, hablando con los padres, de que el niño tiene «mucha» madre y «poco» padre. La madre es la que está al mando de la educación, y el padre siempre tiende a minimizar los malos comportamientos del niño.

La primera terapia que hay que aplicar en este caso es con los padres, a los que doy unas normas de conducta:

- No repetir los mensajes. Existe una ley en psicología que dice que los mensajes que se repiten mucho producen el efecto contrario por una cuestión de cansancio.
- Reducir las manifestaciones afectivas, ya sean verbales o físicas (sonrisas y palabras cariñosas como «amor», «cariño»), pues el niño ha dejado de valorarlas. También es importante demostrar la desaprobación mediante caras largas y silencios.
- Aplicar un sistema de premios y castigos. Cuando el niño se porte mal, se le retirará durante unos días un juguete que le guste.

No hay que olvidar estas sugerencias:

- Los castigos han de ser sin violencia ni agresividad verbal. Deben además estar unificados por los dos; es decir, los padres tienen que estar de acuerdo con el premio o el castigo. Existe también una forma de castigar que consiste en encerrar al niño durante media hora en un cuarto hasta que diga que se portará bien. No es tan grave como parece, pues si no hay violencia en el castigo no conlleva ningún trauma.
- El primer premio es verbal o físico, mediante abrazos, besos o felicitaciones. Luego está el premio material, que debe tener escaso valor: un bolígrafo o una chocolatina.

Con relación a este niño, aplico también un listado de conductas que debe seguir y luego le doy premios si las aplica:

- No insultar.
- Obedecer a la segunda dejándole entender que no es capaz de hacerlo a la primera (así fomentamos en él ese reto).
- Dejar las cosas en su sitio.
- Hacer los deberes.
- Comer correctamente y de todo.
- Pedir las cosas por favor.
- Aprender a dar las gracias con cierta frecuencia.
- Saber que las rabietas no conducen a nada positivo.

Le pido que haga un dibujo de su familia y observo que los tamaños de sus miembros son ilógicos: la madre es la más grande y luego él mismo es mayor que el papá y la hermana. Se observa entonces claramente el papel que tiene cada uno en la familia.

En la siguiente visita, el carácter del niño ya ha mejorado en un 50 por ciento. Ya le podemos aplicar nuevas normas, que pueden ser las siguientes:

- Dar un beso a la madre tres veces al día: al irse al colegio, a la vuelta y antes de acostarse.
- Dar las gracias a su madre una vez al día, por lo menos.
- Cuando algo no se hace como él quiere, debe aceptarlo.

Le estimulamos diciéndole que va a conseguirlo. Los padres están aliviados, pues han notado una gran mejora aplicando todas las normas.

Como en muchas terapias, cuando uno analiza la situación familiar por un problema concreto, se da cuenta de que existen además otros problemas añadidos. En este caso los padres discuten mucho y hablo con ellos para solucionarlo también mediante tres pautas de conducta:

- Evitar discusiones innecesarias.
- No sacar la lista de agravios del pasado.
- Desdramatizar la conducta negativa del niño, pues esta conducta está sometida a muchos vaivenes.

Un apunte sobre la pubertad

En la pubertad el niño es pura actividad, dinamismo, alegría. Va logrando un cierto control de sí mismo. Descubre la sexualidad y la aparición de las personas de otro sexo. Los *niños* son mucho más críos y el sexo aparece con más intensidad que en las niñas. La atracción física y psicológica aparece con fuerza. Los niños tienen las primeras informaciones sexuales de los compañeros de colegio; por eso es bueno que los padres se adelanten y les expliquen qué es y en qué consiste la sexualidad, para evitar distorsiones que en el futuro puedan tener consecuencias negativas. Cuando esto no se hace, por falta de preparación, por no atreverse a entrar en estos temas o por dejadez, eso va a significar un vacío en la formación de bastante importancia[7]. Aparecen las primeras poluciones nocturnas y el tomar conciencia de la erección y la eyaculación. Y la masturbación suele tener un papel en el comportamiento que es menester saberlo enfocar. El niño empieza a ir a casa de sus compañeros de clase y se abre una etapa nueva de amistad al compartir otro hogar; allí empieza a relacionarse con las hermanas de su amigo y se abre un mundo nuevo, en donde la imaginación y lo platónico van a estar en primer plano. Aparecen los primeros enamoramientos y el niño se sumerge en sus pensamientos y navega por el mar de las primeras ilusiones afectivas. Los sentimientos se idealizan.

Las *niñas* adquieren ya las formas femeninas: aparece el desarrollo mamario, el vello pubiano y axilar y vienen las primeras menstruaciones. Es labor de la madre explicarle en qué consiste esa repetición periódica de la sangre vulvar y qué significación tiene. Una buena educación materna consiste en hacerle integrar todo esto dentro de su psicología. Una madre debe dar todas las respuestas necesarias referentes a su intimidad sexual, con sencillez y psicología, con claridad y una visión integral de la persona. Y, por supuesto, el padre debe participar también. *Educar es introducir en la realidad con amor*. Es enseñarle a nuestros hijos cómo son las cosas y qué significa la sexualidad y hay que ir contra corriente, pues el *hedonismo y la permisividad* están hoy en primer plano en nuestra sociedad[8].

---

7. Hoy en día la familia ha cambiado en muchos sentidos. Se ha vuelto menos vertical y más horizontal. Hemos transitado *del patriarcado al filiarcado*. Los padres deben enseñar a sus hijos cuál es el significado de la sexualidad y, para hacerlo bien, es necesario prepararse y utilizar el lenguaje más adecuado, de modo que el mensaje llegue claro y se entienda bien todo lo que se arremolina en torno a ella.

8. El *hedonismo* es la entronización del placer por encima de todo y sobre

Muchas niñas se refugian en su mejor amiga, que se convierte en confidente y consejera. La vida escolar lleva la voz cantante; por eso es tan importante que tenga una buena adaptación, que en muchos casos se convierte en *el primer hogar*, sobre todo con el aluvión de familias separadas a las que asistimos en Occidente en estos comienzos del siglo XXI.

El *egocentrismo* va asomando en niños y niñas, aunque tienen una mayor noción de la realidad. Y asisten al desarrollo de su cuerpo y ven los cambios que se van produciendo en él. La curiosidad se abre paso y empiezan a descubrir su cuerpo, el de los demás, los sentimientos de amistad mezclados con los de rivalidad, y van captando sus posibilidades en los más diversos campos.

Los *niños* son siempre más activos y revoltosos, pero siguen siendo muy infantiles, mientras que las *niñas* están más centradas en sí mismas, empiezan a ser conscientes de su vida sentimental y exploran las primeras amistades con emoción y sobresalto, viendo que su duración a veces es demasiado efímera, entre otras cosas porque la personalidad se está haciendo y su configuración es aún poco estable.

La transición de la pubertad a la adolescencia es igualmente sinuosa, desdibujada, imprecisa, de contornos mal limitados. Sobre todo hoy, que por un mosaico de factores diversos[9] ambas

---

todo. La *permisividad* es el todo vale, el atrévete a hacer lo que quieras sin sentirte culpable. Ambos tienen dos hijos naturales, que son el *consumismo*, que viene a decir lo importante es tener y aflora aquí el tanto tienes tanto vales; y el *relativismo*: nada es bueno ni malo, todo depende en última instancia de su particular punto de vista y visión de la vida.

Esta espuma de la vida actual es un castillo de fuegos fatuos, brillante de entrada y que carece de fundamento verdadero, de salida. La persona que se mueve por estos caminos no llegará muy lejos.

9. Sería difícil hacer un esquema de esto. Son muchos los ingredientes que se suman aquí: el ritmo trepidante y sucesivo de los cambios socioculturales, las in-

se han retrasado, especialmente en los chicos, muchos de los cuales son auténticos bebés de una edad psicológica de 7, 8 o 9 años; esto lo saben muy bien las madres.

Caso de estudio: un niño de 10 años conflictivo

Vienen a la consulta unos padres (de 42 años él y 34 ella) que habían contactado con alguna persona de nuestro equipo de Madrid, primero por email y más tarde por teléfono, para explicarnos a grandes rasgos el problema que nos presentaban.

Se trata de un niño de 10 años, que tiene una hermana de 12 y otro hermano de 4. El padre trabaja en un mercado de fruta y la madre en un supermercado. Es la madre la que habla y nos va haciendo una síntesis del problema de su hijo: «Llevamos con el problema de mi hijo desde hace ya mas de tres años. Hemos ido a dos psicólogos, pero no hemos tenido suerte y nuestro hijo sigue igual».

Le preguntamos cuáles son las principales conductas negativas que el niño tiene, clasificadas de más a menos importantes. La respuesta de los padres es la siguiente: «Lo peor de todo es su agresividad física y también de palabra, tanto con nosotros, sus padres, como con su hermana la mayor. No obedece, no quiere hacer los deberes, el curso pasado suspendió todas las asignaturas y ahora está repitiendo; el sufrimiento es muy grande, porque incluso hace que nosotros, como padres, nos enfrentemos el uno al otro, porque él sabe manipularnos; hemos tenido discusiones

---

gentes redes sociales (cada vez con más posibilidades de comunicación, a menudo muy superficiales), el bombardeo informativo de noticias tan dispares, la aparición de modelos de identidad banales e inconsistentes, la educación hedonista y permisiva y un largo etcétera.

fuertes y nos hemos dicho cosas fuertes y negativas. Estamos perdidos y no sabemos cómo debemos actuar con nuestro hijo y qué líneas debemos seguir».

Tras examinar al niño, tengo una larga conversación con los padres para darles unas pautas que ayuden a encauzar la conducta rebelde de su hijo:

- En adelante fijar límites claros que padre y madre aplicarán sin excepciones.
- Cuando el niño quiera rebasarlos, se le castigará con una «retirada de privilegios». Es decir, en lugar de gritarle, no podrá volver a hacer cosas que le gustan especialmente hasta que corrija esa actitud.
- Incidiremos con entusiasmo en todo avance positivo que veamos en el niño, más que echarle en cara los fracasos. Los padres deben transmitirle confianza, con el lema: «sabemos que eres capaz de hacerlo mucho mejor».
- Evitaremos repetir una y otra vez la misma recriminación, ya que pedagógicamente no es efectivo.

El caso de la niña adoptada: con una personalidad negativista-desafiante

Se trata de una niña de 12 años, de origen ruso, adoptada cuando tenía 5 años. Ha ido a una psicóloga durante casi un año, que le ha ayudado mucho, pero al final de ese tiempo la paciente la ha rechazado sin que hubiera un motivo claro y se ha negado a volver.

Se trata de una niña rubia, de ojos claros, alta y espigada, que aún no se ha desarrollado y que tiene este doble comportamiento: en primer lugar, se niega a hacer lo que se le dice: que ordene su habitación, que haga los deberes, que se siente a comer en familia a la hora a la que se le llama, que colabore en pequeñas tareas domésticas, etc.; y, al mismo tiempo, presenta reacciones desafiantes de gran impacto: dormir fuera de casa sin avisar (causando que toda la familia estuviese angustiada y pendiente de dónde podía estar, llamando incluso a la policía), encerrarse en su habitación con llave y sin responder a sus padres (que están intentando hablar con ella) o contar historias en el colegio de que sus padres la maltratan, le pegan, no le dan de comer, etc.

Estamos hablando de un caso grave. Una de las psicólogas de nuestro equipo se ha ido haciendo con ella y la relación terapéutica está siendo buena, de menos a más, ya que al principio vino a la consulta con un gran rechazo. En el mano a mano ella se ha ido abriendo y muestra ya un trastorno grave de la personalidad bien tipificado[10]. Les explico a los padres la etiqueta diagnóstica y que el tratamiento va a tener tres vertientes:

1. *Pautas de conducta a los padres sobre cómo deben tratarla.* No prestarle mucha atención. Tener unas relaciones con ella cordialmente distantes, buscando ese punto medio y difícil (explicamos a los padres cómo alcanzarlo). No aceptar su actitud demandante tan frecuente, regañarle lo mínimo, no

---

10. Además de la historia clínica y de la información aportada por los padres, se le han practicado dos test concretos: el IPDE de Theodore Millon, que consta de 77 cuestiones valoradas en dos respuestas: verdadero/falso. Y, después, otro más extenso y que discrimina mejor: el SCID-II: ambos se complementan.

Resultado: esta niña tiene un *trastorno mixto de la personalidad,* con dos notas especialmente relevantes: es *límite o «borderline» e histriónica.* Lo primero significa que su conducta está presidida por la *impulsividad y los cambios bruscos de ánimo y* una cierta tendencia a *perder el control de su persona.* Lo segundo: *necesidad enfermiza de llamar la atención* o, dicho en otros términos, *gran dificultad para pasar desapercibida* y tendencia a convertir en un drama un problema del día a día.

repetir una y otra vez mensajes negativos[11] y manejar con ella un sistema de premios y castigos[12] (sin ninguna violencia ni verbal ni física).
2. *Objetivos psicológicos para ella.* Se los dictamos en una libreta pequeña, que le damos nosotros, para que pueda llevársela siempre consigo y consultarla. Ella va tomando nota en primera persona y le decimos que realice comentarios a lo que le vamos sugiriendo que haga:

- Sé que soy una chica problemática, pero quiero cambiar. Querer es poder.
- Saber que lo que a mí me pasa tiene el siguiente nombre: *soy negativista-desafiante* y, como soy bastante lista, tengo que luchar por combatir esto, que es malo para mí y para las personas que conviven conmigo, empezando por mis padres.
- Luchar por no ser tan impulsiva; por eso las compañeras del colegio se alejan de mí y tengo tan pocas amigas.
- Suavizar mi carácter, especialmente con mis padres y mi hermano.
- Evitar el chantaje (le explicamos el significado): eso crea un ambiente muy negativo en la familia.
- Cuidar la lengua con mi madre: corregir esa tendencia a decirle cosas duras, fuertes, y a descalificarla.
- Evitar esas reacciones rebeldes de hacer lo contario de lo

---

11. Dice una ley de psicología de la conducta lo siguiente: *la repetición excesiva y machacona del mismo mensaje a una persona (en la pubertad) adolescente y rebelde produce el efecto contrario del que se pretende.* Se requiere una administración inteligente del lenguaje verbal, tanto en comentarios como en críticas o correcciones. Se lo explicamos en lenguaje coloquial.

12. Para lo cual confeccionamos una lista de cosas que le gustan (para privarla de ellas o para dárselas). Eso es lo que hace la vida con cada uno de nosotros: nos premia o nos castiga según nos comportemos.

que me dicen. Meterme en la cabeza que mis padres no son mis enemigos y que quieren verme contenta.
- Hacer los deberes en casa cuando vuelva del colegio. Evitar perder el tiempo sin hacer nada o viendo la televisión.
- Tener ordenada mi habitación (le hemos dicho a su madre que ella no se la arregle, que vaya aprendiendo ella misma a mantenerla de forma adecuada).
- No hacer rabiar a mi hermano, ni estar siempre peleando con él.
- Aprender a dar las gracias y a pedir perdón, tal y como el doctor Rojas y su psicóloga me han dicho.

3. *Farmacoterapia*. Le explicamos a los padres que ella necesita una medicación que amortigüe su impulsividad. Le damos un ansiolítico a dosis bajas (tres tomas al día: desayuno, comida y a la vuelta del colegio por la tarde) y un estabilizador del ánimo[13]. Le costó aceptarlo al principio, pero le propusimos que si lo tomaba tendría un premio por parte del equipo terapéutico (cada mes de toma obtendría un pequeño regalo por nuestra parte).

La evolución fue muy positiva. Los padres dijeron que la medicación había impulsado un giro copernicano. Ella misma había pegado en el armario de su habitación los objetivos que debe cumplir. Llevamos cuatro meses de terapia y la evolución es favorable, aunque con altibajos. La relación tan conflictiva con la madre ha ido mejorando y hemos tenido que establecer unas pautas de psicoterapia para esta, que también ha empezado a tomar sedantes a dosis bajas.

---

13. Le dimos valproato sódico, dos tomas al día: en desayuno y cena. Le explicamos a ella la acción de este fármaco, adecuado a su edad, y que era importante que no se rebelara, pues le iba ayudar mucho a cambiar en positivo.

SEGUNDA PARTE

EPISODIOS DE AMOR Y GUERRA

| capítulo | El carbón incandescente |
| Siete | en la mano |

Problemas para contener la ira

> *Habla cuando estés enfadado*
> *y habrás hecho el mejor discurso*
> *que puedas lamentar.*
> AMBROSE BIERCE

Laura está dinamitando su círculo social por culpa de su carácter. A sus 18 años, acaba de cortar con su novio debido a sus explosiones de rabia. Discutían constantemente por cualquier tontería y las diferencias de opinión derivaban siembre en un festival de gritos por parte de ella.

A esto hay que sumarle que se ha distanciado de su amiga de infancia tras mandarle un email muy duro en el que le recriminaba muchas cosas con las que no estaba de acuerdo.

En casa, la convivencia con sus padres tampoco es fácil. Aunque Laura alberga muy buenos sentimientos, tiene la capacidad de hacer una montaña de cualquier cosa y enseguida pierde los estribos. La joven se está dando cuenta de todo esto y ha aceptado iniciar una terapia.

Cuando acude a mi consulta la percibo muy tensa e irritable, totalmente a la defensiva. Se empieza a calmar al ver que no la juzgo y empezamos a diseccionar los motivos de su fuerte temperamento.

Todos nos enfadamos de vez en cuando. Sin embargo, hay personas a las que les sucede más a menudo de lo normal y cuyas reacciones de ira pueden llegar a ser violentas, emprendiéndola a gritos o insultos contra aquello que las ha sacado de sus casillas. El enemigo puede ser un electrodoméstico que no funciona como debiera, un guardia urbano que nos está multando injustamente, nuestra pareja sentimental, nuestros hijos o nuestros amigos.

Las consecuencias de descargar la ira contra las personas más cercanas son extremadamente negativas, ya que se verá resentida nuestra vida social, familiar o sentimental. Quienes tienen problemas para contener su carácter pierden rápidamente apoyos y se van aislando. Además, la misma furia que dirigen a los demás acaba pasando factura a su propio estado de ánimo. Buda lo describía así: «Aferrarte a la ira es como agarrar un carbón candente con la intención de tirárselo a otra persona; tú eres quien terminas quemado».

La ira no se genera únicamente al encontrarnos ante un conflicto. Recordar situaciones pasadas puede desencadenar las mismas emociones e incluso la previsión de que en el futuro podamos ser atacados o engañados.

Un poco de ira controlada forma parte de nuestro instinto de supervivencia. Las dudas, el miedo, la ansiedad y el enfado, en su justa medida, son herramientas naturales que nos ayudan en momentos límite, de cambio o peligro. Sin embargo, la prudencia y el sentido común tienen que estar presentes para temperar estas emociones que toman el mando sobre la razón.

IED: CUANDO EL MAL HUMOR ES EXPLOSIVO

Según Emil Coccaro, profesor de psiquiatría y neurociencia conductual en la Universidad de Chicago, «el IED (trastorno explosivo intermitente) es una afección médica como la depresión o el trastorno del pánico —no es simplemente mala conducta—. El comportamiento agresivo se encuentra bajo la influencia genética y se desarrolla un IED en las mejores familias».

> La persona que sufre IED puede reaccionar con una violencia incontrolable y es capaz de agredir a quien no le entiende o le ofende. Cuando está fuera de control, puede llegar a ser peligroso para quien esté cerca. Una vez el ataque ha cesado, suele avergonzarse y tener remordimientos. En algunos casos llega a culpar a su víctima por haberlo sacado de quicio.
>
> No hay una clasificación clara de los diferentes tipos de personas que tienen ataques de ira explosiva. Está calculado que alrededor de un 80 por ciento de quienes lo experimentan son hombres. Existen varias razones:
>
> - *El consumo de drogas*. Las drogas y el alcohol dañan el cerebro; una de las consecuencias son los estallidos de ira.
> - *Antecedentes familiares*. La mayoría de las personas que estallan violentamente y con frecuencia han crecido en hogares en los que reinaba el maltrato y la agresividad.
> - *Enfermedades mentales*. Tanto la depresión como la esquizofrenia, entre otros trastornos, pueden tener como síntoma un aumento de la agresividad.
> - *Traumatismos*. Algunas investigaciones sostienen que los afectados por el IED han sufrido traumatismos craneales perinatales o inflamación del encéfalo (encefalitis).
>
> El doctor Emil Coccaro considera que aproximadamente una de cada catorce personas puede encajar en este grupo de individuos con problema de estallido de violencia. Si una persona ha estallado violentamente, incluyendo destrozos en la casa o agresión física a otros, puede tener un nivel más o menos importante de IED, con lo cual debería consultar a un especialista.

Trucos prácticos antiira

Es muy difícil saber si estos estallidos podrán ser erradicados por completo en un individuo o si se repetirán. Sin embargo, esos ataques pueden ser controlados y la persona afectada puede llevar una vida normal sin dañar u ofender a quienes la rodean.

Ante todo, hay que ser consciente de que existe un problema real de ira incontrolada, así como una baja tolerancia a la frustración. Hay test psicológicos a nuestro alcance para calcular el nivel de gestión de la ira. Por ello, la mejor estrategia es pedir ayuda a un terapeuta.

De todos modos, el psicólogo o psiquiatra no está a nuestro lado en el día a día y necesitamos aprender a dominarnos cuando no nos encontramos en la consulta. Los siguientes consejos pueden ser de utilidad para aplacar la ira:

- *Tomar asiento o tumbarse.* Es un recurso que funciona en la mayoría de los casos cuando los nervios están a flor de piel.
- *Contar hasta diez mentalmente antes de responder a un ataque verbal.* Si respondiéramos sin pensarlo un segundo, subiríamos más el tono y sería el primer paso para perder el control.
- En caso de notar que algo está encendiendo nuestra ira, *distraernos fijando nuestra atención en cualquier otra cosa*. Si hace falta *abandonaremos el escenario de la situación* de conflicto para despejarnos con un buen paseo. Caminar, sentir el aire y el sol son eficaces bálsamos calmantes.
- *Concentrarnos en la respiración.* Podemos tomar aire lentamente y expulsarlo de la misma manera, mientras pensamos en palabras sedantes y positivas.
- *Hablar despacio, con pausa.* Si estamos en plena discusión, hay que hacer el esfuerzo de escuchar a nuestro interlocutor.
- *Ponernos en la piel de la otra persona* nos ayudará a entender la situación y nos impedirá agredirle verbalmente, a la vez que intentamos encontrar el motivo de nuestra ira.
- *Expresar lo que sentimos antes de que sea demasiado tarde.* En lugar de acumular malos sentimientos, es mejor hablar de las cosas que nos inquietan a medida que se van produ-

ciendo. Si se almacenan, pueden acabar siendo un polvorín.
- *Practicar deporte habitualmente* ayuda a descargar las tensiones. Especialmente recomendados son los deportes cardiovasculares como correr, nadar o ir en bicicleta.

Caracteres explosivos

Según un estudio realizado en 2004 con 253 ciudadanos de Baltimore (EE. UU.), un 4 por ciento podría haber sufrido el IED (trastorno explosivo intermitente) en algún momento de su vida. Otro artículo publicado en la revista *Archives of General Psychiatry* en 2006 cifraba ya en un 7,3 por ciento la parte de población afectada por este síndrome en los Estados Unidos.

Algunas pruebas médicas indican que muchas personas aquejadas por IED podrían padecer un desequilibrio en la serotonina y la testosterona, junto con irregularidades neurológicas menores.

El *Manual diagnóstico y estadístico de los desórdenes mentales* (*DMS*), editado por la Asociación Psiquiátrica Americana (APA), revela algunos de los indicadores para diagnosticar el IED (o TEI):

- Múltiples episodios en los que la persona ha sido incapaz de controlar su agresividad, de los cuales alguno ha acabado en un ataque físico a otra persona o en destrozos de objetos y mobiliario.
- El nivel de agresividad resulta desproporcionado respecto a la causa del mismo.
- Los casos de agresión no tienen como origen otro trastorno mental (antes de llegar a un diagnóstico, es necesario descartar otros posibles síndromes o enfermedades, como

personalidad antisocial, depresión, esquizofrenia, ataques de pánico o abuso del alcohol o drogas).

DOS CONSEJOS CONTRA LA IRA
• Asume que el gobierno más importante es el gobierno de ti mismo. • El autocontrol verbal es decisivo: una persona que controla su lengua se controla a sí misma en un 90 por ciento. Aprende a frenar impulsos verbales en momentos malos, ya que como dice el proverbio español: «La palabra es plata y el silencio es oro».

TEST

1. **Tras un día estresante en el trabajo, cuando llegas a casa...**
   a. Acostumbro a seguir tenso con mi familia y me enfado o incomodo con facilidad.
   b. Dejo los problemas en el trabajo y disfruto con los míos sin que me afecten las tensiones laborales.

2. **Tras una discusión acalorada...**
   a. Mentalmente sigo dándole vueltas a la conversación y fantaseando sobre lo que podría haber dicho durante el enfrentamiento.
   b. Intento pasar página y dejo enfriar la situación para poder enfocar objetivamente lo que ha pasado.

3. **¿Qué tipo de conductor eres?**
   a. Me gusta conducir de forma agresiva y puedo resultar desagradable si tengo un percance de tráfico con otro conductor.
   b. Conduzco sin prisas e intento mantener la calma en todo momento, evitando cualquier tipo de confrontación al volante.

4. **Cuando me enfado con alguien...**
   a. Acostumbro a alzar la voz o hago todo lo posible para mostrar mi enojo a los demás.
   b. Intento transmitir mi estado de ánimo de forma serena y discreta.

5. **No acostumbro a enfadarme pero cuando lo hago...**
   a. Enseguida subo el tono de voz, estallo y luego me cuesta frenar.
   b. Suelo enfadarme a menudo pero no tardo en aplacar los ánimos y olvidar la discusión.

6. **Cuando trabajo en grupo...**
   a. Me molesta si alguien no rinde y no dudo en hacérselo saber.
   b. Tengo paciencia e intento sacar adelante el proyecto entre todos.

7. **Mientras mantengo una discusión...**
   a. Mantengo el ceño fruncido, los ojos muy abiertos o muy cerrados, así como los labios y los puños apretados.
   b. No muestro cambios excesivamente evidentes.

RESULTADOS

Por cada respuesta A, suma 2 puntos. Por cada respuesta B, suma 1 punto.

- **Menos de 8 puntos.** Sabes controlar la ira destructiva cuando te enfadas y canalizar tus emociones a la hora de expresar necesidades y resolver problemas.
- **Entre 8 y 12 puntos.** De vez en cuando tu pasión se desborda y dejas que la ira se imponga en las discusiones. Conviene que aprendas a modular esa agresividad desproporcionada y gobernar tus impulsivos arranques.
- **Más de 12 puntos.** Seguramente habrás padecido más de una pérdida emocional a causa de tus ataques de ira. Recuerda que este sentimiento genera resistencia y resentimiento en los demás. Aunque te parezca una forma eficaz para obtener cooperación a corto plazo, a la larga serás evitado y tus exageradas reacciones serán pasadas por alto.

capítulo Ocho | Amor líquido que se evapora

El supermercado de las relaciones humanas

> *La gran tragedia de la vida*
> *no es que los hombres perezcan,*
> *sino que dejen de amar.*
> W. SOMERSET MAUGHAM

Grace es una mujer de 40 años con dos hijos. Acude a mi consulta por un problema grave que tiene con su marido. Él le ha sido infiel, ella lo ha descubierto y él lo ha reconocido, pero me dice: «Yo estoy dispuesta a perdonarlo si cambia en relación conmigo».

Su marido es un hombre de 45 años que trabaja como chófer. Cuando me encuentro con él a solas, reconoce haber tenido más aventuras, pero esta es la primera vez que su mujer le ha pillado y se da cuenta de que está destrozada.

Cuando hablo con Grace, me cuenta que él es un hombre con un fondo bueno, pero que es muy dicharachero, lo que se llama en Andalucía un «candil de puerta ajena». Es decir, una de esas personas que sacan lo mejor de sí mismos en la calle. Es un hombre que cuida la fachada de cara a los demás. Ella desea perdonarlo, pero solo si está dispuesta a darle otra calidad de vida.

En primer lugar, les pido que me escriban por separado dos listas sobre las principales áreas de conflicto entre ellos, ordenadas de más a menos: qué le quitaría y qué le añadiría a la forma de ser de su pareja para mejorar la relación.

En segundo lugar, al marido le preparo un programa de conducta:

1. *Tiene que buscar un día especial para llevarla a tomar algo y entregarle una carta de disculpas. Yo le explico cómo debe ser la carta, aunque la tiene que hacer suya. Y esta misiva la ha de acompañar con un pequeño obsequio.*
2. *Le doy una serie de pautas que ha de seguir en el día a día: llamar si no va a ir a cenar, comunicarse y decir lo que siente, salir más con su esposa, participar en la educación de sus hijos...*
3. *Le recalco que debe tener en cuenta que se halla ante un ultimátum y una oportunidad única para salvar su matrimonio.*

A Grace le doy una serie de consejos prácticos, tales como no sacar la lista de agravios, no reprocharle cosas, ver su lado bueno, promover una mejor comunicación y disfrutar de las relaciones íntimas.

Al cabo de dos meses la situación ha dado un giro total. Así que a él le regalo mi libro Remedios para el desamor *y* Los hombres de Marte. Las mujeres son de Venus, *de John Gray, y a ella* Cómo hacer funcionar tu matrimonio, *de Paul Hauck.*

Tiempos de infidelidad

Según un artículo del periodista Jordi Jarque aparecido en *La Vanguardia* el 20 de abril del 2013, el sexo clandestino está cada vez más extendido como práctica social. El Centro de Investigaciones Sociológicas (CIS) realizó una encuesta al respecto en el año 1995. El resultado fue que el 46 por ciento de los hombres confesó haber tenido alguna infidelidad, frente a tan solo un 17 por ciento de las mujeres.

Según la psicoanalista Esther López, actualmente habría que poner en duda esos datos, ya que en aquellos tiempos los hombres tendían a fanfarronear y las mujeres a disimular, con lo cual era posible que el tanto por ciento de los hombres infieles en aquellos años fuera menor y el de las mujeres, mayor.

Recientemente se han realizado nuevas encuestas y estudios y los resultados son bastante diferentes de los del año 1995. En la actualidad, ante la pregunta: «Si pudieras ser infiel sabiendo que tu pareja jamás lo sabría, ¿lo serías?», las cifras se han ido igualando hasta llegar a un porcentaje más equilibrado: en el caso de los hombres es algo mayor del 50 por ciento y en el de las mujeres algo inferior. El adulterio sigue siendo más frecuente en el caso de los hombres, pero está claro que la tendencia se decanta cada vez más hacia la igualdad. Las mujeres ya no dependen tanto de sus parejas y tienen economías cada vez más independientes.

Relaciones *online*

Probablemente hoy día existe más infidelidad porque lo facilitan las redes sociales. Hay numerosas ofertas de páginas webs donde personas de ambos sexos, casadas o con pareja estable, contactan para flirtear y tener efímeros contactos sexuales con la discreción que les asegura la empresa.

Los responsables de estas páginas de Internet niegan que el porcentaje de infidelidad haya aumentado a causa de la proliferación de tales negocios. Insisten en que tan solo aprovecharon una demanda que existía y que buscaba satisfacción. De hecho, en plena época de crisis, son negocios florecientes.

Cualquier persona puede acceder a estas páginas (algunas son gratuitas y otras tienen servicios de pago) y puede crear un perfil con fotos falsas o no, y flirtear con personas del sexo contrario sin ningún tipo de rubor ni riesgo de ser sorprendido. Al entrar, el cliente responde un cuestionario: edad, tendencias sexuales, fantasías... y apunta lo que desea de la persona o personas con las que desea contactar.

Es todo un mercado de oferta y demanda de sexo clandestino. La mayoría de esas páginas webs han recibido acusaciones de estafa. Algunos usuarios afirman que muchos de los perfiles de mujeres son falsos y que ni siquiera existen.

Ahondando en el engaño, otras empresas de Internet se dedican a crear coartadas a personas infieles para demostrar a su pareja que tal día tienen una reunión en Copenhague, un curso en Londres o una conferencia en Viena. Otras empresas, por el contrario, se dedican a descubrir las pistas falsas y las coartadas falsas que inventan los otros negocios.

Todo ello nos lleva al final a la banalización del amor.

CUATRO CONSEJOS CONTRA LA INFIDELIDAD

- Evita el espejo. Ya decía Marañón que la persona que tiene tendencia a la infidelidad o conquista afectiva es un narcisista.
- Enfócate hacia tus seres queridos. Una persona infiel tiene un amor desordenado hacia sí mismo, cayendo en la egolatría. La felicidad verdadera consiste en buscar el bien del otro, decía Séneca en su libro *Sobre la felicidad*.
- Realiza una introspección. La infidelidad suele ocultar un gran vacío emocional. Busca un sentido a tu vida.
- Cambia el contacto con desconocidos en las redes sociales por el contacto real dentro de tu casa. No hagas al otro lo que no quieres que te hagan a ti.

TEST

1. Un amigo te desvela que ha sido infiel a su pareja...
   a. No quieres ni oírle y le aconsejas que sea prudente.
   b. Le invitas a otra copa para que te explique todos los detalles de la aventura.

2. En tu vida sexual eres más bien...
   a. Un amante pasivo y poco imaginativo.
   b. Un maestro en el arte de los juegos sexuales y el uso de recursos para excitar a tu pareja.

3. Para ti, ser infiel a la pareja es...
   a. Inconcebible y una falta absoluta de respeto.
   b. Perdonable según qué circunstancias se den en la aventura.

4. Consideras que una infidelidad empieza...
   a. En el preciso instante que empiezo a pensar en otra persona.
   b. Solo cuando existe un contacto sexual directo.

5. ¿Crees que podrías engañar a tu pareja?
   a. Solo si nuestra relación ya estuviera completamente rota.
   b. Si me llegara a sentir solo y la situación fuera propicia.

6. En el caso de ser infiel a tu pareja...
   a. Me sentiría fatal y acabaría confesándole el engaño, a pesar de las consecuencias.
   b. Lo mantendría en secreto.

7. Tu fantasía sexual más recurrente es...
   a. Un nuevo juego o postura con tu pareja.
   b. Mantener relaciones íntimas fuera de la pareja.

RESULTADOS

Por cada respuesta A, suma 2 puntos. Por cada respuesta B, suma 1 punto.

- **Menos de 8 puntos.** Si todavía no has sido infiel a tu pareja es porque no se han dado las circunstancias propicias para hacerlo. Tienes tendencia a banalizar el engaño y te atrae la idea de vivir una aventura fuera de la relación de pareja.
- **Entre 8 y 12 puntos.** Aunque en general rechazas la idea de engañar a tu pareja, te seduce la posibilidad de vivir una experiencia sexual fuera de la relación. Crees que sería estimulante e incluso a veces fantaseas con esa posibilidad.
- **Más de 12 puntos.** Tu pareja puede estar tranquila. Consideras que la infidelidad supone tirar por la borda el compromiso, la confianza y el amor de una relación. No aceptas la idea de engañar ni de ser engañado bajo ninguna circunstancia.

capítulo Nueve | Belleza interior

Complejos y engaños de los medios

> *Celebrar la vida con gozo,*
> *no hay mejor producto de belleza para una mujer.*
> ROSALIND RUSSELL

Paula tiene 25 años, aunque viste como una mujer de más edad. Me cuenta que acaba de volver de Oropesa, donde una amiga le ha dejado un apartamento delante del mar, aunque en quince días no ha bajado a la playa una sola vez.

Reconoce que no se siente a gusto con su cuerpo. Desde que rompió con su novio, ahora hace dos años, ha empezado a comer fuera de horas. Pica un poco de chocolate de la nevera, luego una pasta, más tarde un refresco dulce... Sin darse cuenta, ha ido engordando y todos sus esfuerzos desde entonces para perder peso no han funcionado. Le sobran al menos veinte kilos y se siente mal.

El verano pasado fue una mañana a la playa y notó que unos chicos se reían de ella. Pronunciaron incluso un par de palabras feas sobre su cuerpo. Desde entonces ha empezado a rechazar a la gente antes de ser rechazada.

Le hago hacer el test de Beck —un conjunto de veintiuna preguntas para medir el nivel de depresión— y luego un test para la ansiedad que he diseñado yo mismo[1]. *Estas pruebas me permiten*

---

1. Esta *escala de evaluación conductual para la ansiedad* fue diseñada por

detectar que Paula, además de una depresión que precisa tratamiento farmacológico, padece ansiedad somática. Un antidepresivo clásico cada noche, para no interferir en su rendimiento laboral, logra reducir las visitas fuera de horas a la nevera con las que saciaba el manojo de nervios en el que se había convertido.

En su segunda visita pongo deliberadamente un espejo en la consulta para ver qué hace. Por sus miradas constantes a su reflejo, entiendo que en casa se pasa horas examinando cada pliegue de su cuerpo. Le cuento que hay una enfermedad que se llama dismorfofobia, y que significa «visión distorsionada del propio cuerpo» y la padecen las personas que sufren una obsesión por la estética corporal.

A medida que avanza en su tratamiento, el estado de ánimo de Paula se ilumina y va dejando atrás su complejo corporal y la ansiedad. La prueba de fuego llega, finalmente, cuando es invitada a pasar el fin de semana en el chalé de unos amigos con piscina. Para paliar su nerviosismo, le doy unos mensajes[2] que quiero que relea (véanse las claves al final de capítulo) y tenga en cuenta cada vez que se sienta vulnerable. Los llevará encima para que no se le olviden.

La experiencia es satisfactoria y Paula se reintegra a la vida social que había abandonado a causa de una deformidad que

---

mí hace algunos años y consta de cinco campos de exploración (ansiedad física, psicológica, de conducta, cognitiva y social) y cada bloque tiene a su vez veinte cuestiones valoradas de 0 a 4. Es autoaplicada. Sintetiza bastante bien la intensidad de la ansiedad del sujeto explorado.

2. Se trata de una especie de *mensajería privada*, que son frases que ella misma se repite (dadas por mí y los de mi equipo). Estas *sentencias cognitivas* no son otra cosa que frases breves que ella se dice sin ruido de palabras, con el fin de que le ayuden a superar el enfrentamiento con la gente o neutralizar ideas negativas que cruzan por su cabeza.

Vuelve una vez más la psicoterapia. Mi experiencia de tantos años de psiquiatra práctico es que estas estrategias, bien utilizadas, son muy eficaces.

estaba solo en su cabeza. Paradójicamente, desde ese momento empieza a bajar de peso sin esfuerzo, ya que la ansiedad ha remitido y ya no necesita mitigarla acudiendo a la nevera entre horas.

Complejo de inferioridad

Freud creía que la neurosis tiene su causa en la represión sexual, mientras que su colaborador Alfred Adler decía que la neurosis se produce por complejos de inferioridad no resueltos. En cualquier caso, un complejo es siempre un sentimiento subjetivo.

Todo el mundo sufre algún complejo de inferioridad que otro. Nadie posee todos los dones y virtudes que podría desear, aunque muchas veces nos comparemos con personas que solo viven en las revistas —tras muchos retoques de Photoshop— o en las películas de Hollywood.

La buena noticia es que tenemos la oportunidad de compensar psicológicamente cualquier problema o carencia reforzando otras áreas de nuestra vida. Así, un hombre poco agraciado físicamente desarrolla una mayor capacidad comunicativa para seducir por otros medios; la joven con poca habilidad para los estudios cultiva una actividad artística o bien busca destacar en un deporte.

Al final, se trata de adaptarnos al medio con lo que tenemos.

El complejo como herramienta de superación

Alfred Adler apuntaba en su ensayo *El sentido de la vida* que los complejos no tienen por qué ser necesariamente negativos, ya que impulsan al individuo a superar su realidad gracias a otra mejor.

De hecho, este colaborador de Freud destaca que justamente

lo que ha hecho que la raza humana prevalezca por encima del resto de las especies ha sido su lucha por compensar sus carencias. Su poca preparación contra el frío hizo que arrebatara la piel a animales mejor dotados (a los que cazaba) y a hacer cada más sofisticadas sus viviendas, por poner solo un ejemplo.

Esta desventaja de partida hizo que el ser humano tuviera que superarse constantemente frente a las adversidades y aumentar su capacidad de adaptación. Paradójicamente, su condición de inferior ha sido un trampolín hacia la mejora continua, que es la base de la evolución humana.

El culto al cuerpo

Lógicamente, en un caso como el que estamos viendo en este capítulo, entra en juego el culto por el cuerpo, sobre todo por parte de las personas jóvenes, que se creen en la obligación de ajustarse a un canon absurdo. Cuando pasan por una época de inseguridad, buscan la aprobación de terceros y, si lo que obtienen es un *feedback* negativo, ya tenemos el terreno abonado para los complejos.

¿Quién no ha sido ridiculizado en su clase por no entender una pregunta del profesor, por fallar en un ejercicio de gimnasia o por tener algún rasgo físico diferente al resto? Ante cualquiera de estas situaciones podemos superarnos apostando por otras capacidades que nos distinguen, pero el sujeto también puede convertir el problema en una neurosis.

El mundo está lleno de personas acomplejadas a causa de una mala percepción por parte de los demás. Y a veces esto ni siquiera obedece a una impresión real, ya que el individuo basa su sentimiento de inferioridad en lo que cree que los demás piensan de él.

Un artículo de la revista *Psychology Today* revelaba un alarmante crecimiento del nivel de insatisfacción corporal. Este había sido en 1973 de un 25 por ciento para las mujeres y de un 15 por ciento para los hombres. En la encuesta realizada en 1997, estas cifras ya habían escalado hasta un 56 por ciento y un 43 por ciento respectivamente.

Desde entonces no ha hecho más que aumentar. La publicidad relacionada con los productos de belleza mueve cientos de millones de euros y tiene unos peligrosos efectos secundarios: muchas personas piensan que deberían conseguir un cuerpo escultural para estar bien consigo mismas.

El *síndrome del cuerpo perfecto* para obtener la aprobación ajena acaba desatando numerosos problemas de ansiedad y frustración[3], muy especialmente entre la población más joven. Cuando esta fijación se convierte en enfermiza, puede derivar en trastornos alimentarios, como la anorexia o la bulimia nerviosa, así como el denominado *síndrome de Adonis* —técnicamente *vigorexia*— de los que se pasan el tiempo libre en el gimnasio haciendo músculo. Está claro que hoy todos cuidamos más el aspecto físico; además, la salud física apunta a un peso que es una ecuación dependiendo del sexo y de la talla: una mujer que mide 1,65 de estatura debe pesar diez unidades menos que los centímetros, más-menos 2: es decir, 53-57... Todo esto con muchos matices.

Un síndrome relativo al culto al cuerpo relativamente reciente es la *tanorexia*: la obsesión por mantener un tono de piel bronceado todo el año.

Todos estos trastornos psicológicos tienen dos puntos de par-

---

3 Aquí asoma *el mito de la eterna juventud: la juventud no depende de los años, sino de las ilusiones por cumplir.*
Una cosa son las intenciones y otra, los resultados. Pero siempre hay que tener objetivos concretos por delante.

tida: la aspiración a un «cuerpo perfecto» y la visión distorsionada de uno mismo al mirarse al espejo.

CINCO CONSEJOS CONTRA LOS COMPLEJOS

- Piensa que nada es tan importante como tú crees que es.
- Deja de hacer interpretaciones: atrévete a ser tú mismo.
- Mantén alejados los pensamientos negativos: ponles freno y añade frases positivas sobre ti mismo.
- Tómate todo aquello que te cueste como un reto: el arte de vencerse en lo pequeño.
- No dejes que la percepción de tu cuerpo, ni nada, te frene. Si no puedes disminuir el peso de tu cuerpo, ¡acéptalo con paz! Ese es el triple salto, la pirueta que te propongo.

TEST

1. **Se acerca el verano y tienes previsto pasar unos días en la playa...**
   a. Planifico el viaje, preparo algunas rutas y visitas, busco los mejores restaurantes de la zona, compro una guía, etc.
   b. Empiezo una dieta intensiva para rebajar peso en tres semanas.

2. **¿Fantaseas con vivir de forma diferente o ser otra persona?**
   a. Me gusta cómo soy y no acostumbro a comparar mi vida con nada ni con nadie.
   b. A menudo siento envidia o celos de cosas o situaciones que tiene la gente que me rodea.

3. **¿Alguna vez has pensado en acudir a la consulta de un cirujano plástico?**
   a. Solo pisaría un quirófano en caso de padecer una enfermedad. ¡Tengo pánico al bisturí!
   b. Ahora mismo no siento esa necesidad, pero más adelante no me importaría pasar por el quirófano para hacerme unos retoques...

4. **¿Has logrado la mayoría de las metas que te has propuesto hasta el momento?**
   a. Afortunadamente he alcanzado gran parte de los objetivos que había soñado hasta el día de hoy.
   b. Todavía me quedan muchas asignaturas pendientes, pero creo que la mayoría se quedarán en el tintero.

5. **Cuando alguien te gasta una broma o te pone en evidencia delante de los demás...**
   a. Me río de su ocurrencia y de paso me sirve para quitarle hierro al asunto.
   b. Lo paso fatal, me ruborizo y me pongo de mal humor.

6. **Durante una reunión de trabajo...**
   a. Participo activamente y expreso mis ideas con iniciativa y naturalidad.
   b. Suelo mantenerme en segundo plano y me limito a apoyar los comentarios del resto sin llevar la voz cantante en ningún momento.

7. **Normalmente prefieres hacer el amor...**
   a. A plena luz para disfrutar más de la experiencia.
   b. Con la luz apagada y por debajo de la colcha y las sábanas.

RESULTADOS

Por cada respuesta A, suma 2 puntos. Por cada respuesta B, suma 1 punto.

- **Menos de 8 puntos.** Vives demasiado pendiente de lo que puedan pensar o decir los demás. Deja atrás ese sentimiento de inseguridad y empieza a alejar los pensamientos negativos que tanto te acomplejan.
- **Entre 8 y 12 puntos.** Todavía tienes cierta tendencia a la insatisfacción, aunque estás en el buen camino para sacar el máximo partido a tus puntos más fuertes.
- **Más de 12 puntos.** Tienes muy claro cuáles son tus dotes y aptitudes que utilizas como trampolín para mejorar día a día, sin complejos y con una autoestima a prueba de críticas y comentarios.

capítulo Diez — La chispa de la seducción

Problemas para hallar pareja

> *Dicen que el hombre no es hombre*
> *mientras no oye su nombre de labios de una mujer.*
> Antonio Machado

Alfonso estudia segundo de Matemáticas y siente que su vida es un desierto en lo que respecta al amor. Cuando no está entregado a los cálculos para pasar los exámenes de su carrera, se conecta durante horas a las redes sociales. Oculto bajo un «nick», con la ilustración de un superhéroe como foto de perfil, dedica su tiempo libre a charlar con otras personas con las que comparte afinidades.

Cuando alguna chica se interesa por él e intenta traspasar las paredes del mundo virtual para conocerse, Alfonso deja de darle señales de vida. El motivo es que cree no tener atractivo para las mujeres. Sus anteriores citas han sido un fracaso porque no se encontraba natural y estaba convencido de que suponía una decepción para la otra persona.

Todos sus amigos salen con chicas y él esta acomplejado por eso. Cree que ninguna mujer que le guste se enamorará jamás de él.

Me visita en mi consulta por otra cuestión, pero abordamos el tema de su soledad para tratar de conquistar el área afectiva que hasta ahora no existe en su vida.

Los *singles,* una nueva clase social

Hoy en día, el *marketing* ha creado una imagen idealizada de la persona soltera e independiente que tiene una vida social plena y que despierta la envidia de los que están emparejados y con responsabilidades. Sin embargo, muchos solteros no gozan realmente de su soledad; más bien se encuentran aplastados por ella.

Muchas personas están solas porque tienen dificultades para relacionarse con el sexo opuesto. Normalmente son individuos aquejados de una baja autoestima, con complejos y timidez excesiva que les ha conducido al ostracismo sentimental.

Durante la adolescencia, una persona empieza de manera natural a sentirse atraída, tanto sexual como sentimentalmente, por otras personas. El hecho de no conseguir sus objetivos y ver que sus amistades tienen éxito en ese sentido puede sumirnos en un pozo en el que la autoconfianza no se desarrolla como debiera. La persona se aísla y puede padecer tristeza crónica a causa de su falta de autoestima.

Las páginas de contactos por Internet no serán ninguna ayuda para una persona que se encuentre en este estado. Normalmente fingirá lo que no es para despertar el interés de la persona con la que está chateando, pero, cuando llega la hora de verse físicamente, se inventará cualquier excusa para no presentarse a la cita.

Es desaconsejable encerrarse en casa y en uno mismo, así como obsesionarse con ello. Hay maneras de encontrar personas que disfrutan con lo mismo que nosotros, y esa es una manera de conocer gente sin tener que derrumbar la primera barrera. El hecho de ser un apasionado del cine, de la literatura o de cualquier otro arte ya despierta un interés en las otras personas y un respeto, si se es un experto. Perfeccionémonos en todos los sentidos, y eso también será una manera de ganar amor propio.

El primer secreto de la seducción es gustarse a uno mismo, ya que eso se acaba transmitiendo a los demás. No seamos perfeccionistas con el físico ajeno, ni tampoco con el nuestro. Hay que crearse metas asequibles y valorar la complicidad que se establece entre dos personas cuando comparten un mismo universo de intereses.

Soledad contagiosa

Cada vez hay más personas que deciden vivir solas voluntariamente. *Mejor solas que mal acompañadas*, dicen. La imagen de la persona independiente ha sido muy idealizada en el cine, y muchos se escudan en esa independencia para ocultar una falta de autoestima o de madurez.

Incluso las empresas están ofreciendo productos destinados al consumo individual. De hecho, si no fuera por la crisis actual, muchas más personas vivirían solas en sus apartamentos, pero no pueden a causa de las dificultades económicas que ello entraña.

Una vez se ha llegado a la treintena, si se ha conseguido un buen trabajo, se ha viajado y se han tenido grandes experiencias vitales, llega el momento en que muchas personas creen que tienen que encontrar su media naranja como un objetivo más en la vida.

Si esta pareja no llega, por la causa que sea, entonces aparece la ansiedad y la desesperación de ver cómo pasan los años, cómo el cuerpo envejece poco a poco y cómo esa persona deseada (e idealizada) no aparece por ninguna parte.

Mientras no encontramos a la persona adecuada, hay que procurar vivir a solas y en armonía con uno mismo. Para ello merece la pena tener esto en cuenta:

- Nunca estamos solos, pues tenemos amistades y familia.
- Una persona no ha de estar emparejada necesariamente para sentirse realizada.
- Mientras estemos solos, debemos disfrutar de nuestra soledad; así, cuando tengamos pareja, podremos aportar riqueza interior.

El humorista argentino Enrique Pinti nos ha dejado su sabia opinión sobre este tema:

Hay momentos en la vida más cortos o más largos en los que elegimos estar solos. Son momentos íntimos y absolutamente individuales en los que la alegría, el llanto, el júbilo, la amargura, la euforia o la depresión tienen que ser solo nuestros. ¡Bendita soledad aquella que elegimos! Maldita soledad, en cambio, aquella que nos priva de seres queridos y amigos entrañables que se nos van... Maldita soledad la de la casa vacía que una vez estuvo llena... Perversa soledad la que les toca a aquellos que no supieron cultivar la amistad y el amor...

¿Y QUÉ PASA CON LOS 30?

A partir de los 30 años, los hombres tienden a pensar que si una mujer no tiene pareja es porque no quiere. Creen, erróneamente, que ellas tienen más facilidades que ellos, pero todos conocemos mujeres de 30 y 40 años que, a pesar de tener todos los ingredientes para ser teóricamente idóneas, permanecen solas aunque no lo deseen.

La psiquiatra María Leonardi describe en *El difícil arte de encontrar pareja* diferentes experiencias de mujeres, algunas de ellas más que reveladoras. Las razones para permanecer sola a partir de los 30 pueden ser muchas:

- *Buscar a una persona que nos complete.* Esa manera de responsabilizar a otro para que llene nuestros vacíos es un error, ya que es algo que depende totalmente de nosotros.

- *Hacerse grandes esperanzas con lo que es simplemente un flechazo instantáneo.* Los pedestales no nos permiten ver a las personas como son realmente.
- *Búsqueda de un ideal utópico.* El romanticismo del cine y la literatura no deja de ser ficción. La realidad la vivimos nosotros. Tener los pies en la tierra te protege de falsas ilusiones[1].
- *Desesperación por buscar la felicidad permanente y la perfección.* Nunca estaremos contentos, siempre estaremos decepcionados con la otra persona.
- *Falta de seguridad y autoestima.*
- *Demasiado donde escoger.* Si una persona tiene una gran oferta de «pretendientes» y no tiene la valentía de decidir a tiempo, puede perder todas las opciones.
- *Haber escogido mal demasiadas veces.* Eso crea una desconfianza hacia el sexo opuesto («¡Todos/as son iguales!»).

Lo mejor que podemos hacer, hombres y mujeres, es centrarnos en nuestra vida y no obsesionarnos con un posible futuro de soledad. De hecho, es más fácil encontrar la pareja idónea cuando nos desprendemos de la ansiedad por encontrarla.

¡Sedúceme!

Hay una ingente cantidad de libros, talleres, artículos y páginas webs dedicadas al arte de la seducción. Todos ellos se apoyan en una serie de claves en las que coinciden psicólogos, periodistas

---

[1]. A esto lo he llamado con frecuencia así: *no equivocarse en las expectativas*. No esperar demasiado del amor o de la persona que uno va a conocer o acaba de aparecer en nuestra vida... Porque todo amor, para que se haga fuerte, necesita ser trabajado. Repito: *no creo en el amor eterno sin más*, creo en el amor que se labra día a día como una tarea de artesanía psicológica; en eso sí que creo.

Los que padecen una clara *inmadurez afectiva* se enamoran del amor o lo idealizan tanto que cuando aterrizan en la realidad se desmoronan.

y grandes seductores que han escrito memorias con sus experiencias.

Haciendo un resumen de todas estas visiones, la persona seductora puede caracterizarse por diez rasgos fundamentales:

- *Son expresivos pero nunca exagerados.* Si bromean o ríen lo harán sin complejos, pero jamás con estridencias.
- *Su seguridad en sí mismos resulta evidente.*
- *Suelen ser personas positivas que contagian su optimismo.*
- *Dominan el lenguaje tanto oral como corporal.* Hablan despacio, saben utilizar el silencio y suelen tener riqueza de vocabulario sin ser pedantes.
- *Consiguen que aquellos que los acompañen se sientan especiales.* Saben valorar las virtudes de los demás.
- *Suelen ser directos sin ser agresivos.*
- *Saben escuchar activamente, dando importancia a las opiniones de los demás.* A las personas les gusta ser escuchadas y odian que se les interrumpa o se menosprecie lo que dicen.
- *Son muy detallistas.* Se fijan en lo que les gusta a los demás.
- *Se amoldan a cualquier situación.* Saben estar en cualquier lugar y momento.
- *Son elegantes en su gestualidad.* La elegancia no está en una corbata. Un gesto de manos o una sonrisa que sepa transmitir puede ser más cautivadora que un esmoquin o un vestido de noche.

La naturalidad es muy importante para aplicar todas estas claves, pues, cuando una persona finge ser lo que no es, los demás pueden llevarse una impresión muy equivocada y generalmente poco sugestiva, ya que descubre una baja autoestima.

CUATRO CLAVES PARA SEDUCIR

- No obsesionarse. Esta actitud produce un estado de inquietud que nos lleva a relaciones muy superficiales a las que damos una importancia excesiva, y eso provoca un error en la elección de la persona. Sé natural: *la naturalidad es la aristocracia de la conducta.*
- Regálate tiempo y ve despacio. La prisa es mala consejera.
- No olvides una *ley de la gravedad psicológica*: para estar bien con una persona es necesario estar bien con uno mismo. Gozar de un cierto equilibrio personal es fundamental.
- Mientras esperas ese amor, puedes tener amor a los demás: con buenas relaciones personales, sin utilizar a los otros como trampolín, viendo lo bueno de la gente, ofreciendo pequeñas ayudas a personas cercanas...

TEST

1. **A diario sueles cruzarte por la calle con una serie de personas desconocidas, pero que enseguida reconoces por verlas a menudo...**
   a. A muchas de ellas las saludo por el simple hecho de verlas cada día, aunque no las conozca.
   b. Nunca saludo a alguien que no conozco ni muestro curiosidad por saber cómo será.

2. **¿Sabes cuáles son tus puntos fuertes a la hora de entablar una amistad o relación?**
   a. Tengo claro cuáles son mis «armas secretas» (la mirada, el tono de voz, la sonrisa, el sentido del humor...).
   b. Actúo de forma improvisada.

3. **Subes en el ascensor con una persona desconocida y muy atractiva...**
   a. Intento entablar contacto visual con ella y pienso algo ocurrente para decirle.
   b. Sigo enfrascado en mis cosas y con la vista clavada en el suelo.

4. **Cuando mantienes una conversación...**
   a. Escucho atentamente y muestro interés por lo que me explica el interlocutor, hago preguntas, opino, doy consejos acerca del tema...
   b. Tiendo a hablar siempre de mis cosas y me cuesta mantener el interés por lo que me explican si no me afecta directamente.

5. **En tu perfil de Facebook...**
   a. Siempre intento contactar con gente nueva y mantener al día mi muro con nuevas entradas.
   b. Me limito a leer las entradas de los demás y hace meses que no agrego a nadie.

6. **Te invitan a una fiesta donde solo conoces al anfitrión...**
   a. Acepto enseguida ante la posibilidad de conocer a gente nueva e interesante.
   b. Me quedo en casa porque me da pereza (y en realidad vergüenza) de acudir a un sitio repleto de gente desconocida.

7. **Cuando tienes que hacer un regalo a una persona especial...**
   a. Soy muy detallista y casi siempre acierto.
   b. Pregunto directamente a la persona qué necesita o quiere que le regale.

RESULTADOS

Por cada respuesta A, suma 2 puntos. Por cada respuesta B, suma 1 punto.

- **Menos de 8 puntos.** La empatía no es precisamente tu punto más fuerte. Te cuesta ponerte en el lugar de los demás, una actitud que acaba afectando a tus relaciones personales.
- **Entre 8 y 12 puntos.** Sabes cómo utilizar las armas de seducción, pero solo cuando realmente estás interesado en una persona. No es algo innato, sino que has aprendido con la experiencia y los años que llevas practicando.
- **Más de 12 puntos.** De forma natural y casi inconsciente muestras siempre tu lado más encantador y seductor. Sabes escuchar, eres detallista y dominas el arte del flirteo sin apenas esfuerzo.

capítulo Once — Amar en el País de Nunca Jamás

Peterpanes y Simones

> *Los seres humanos más inútiles
> son aquellos incapaces de cambiar con el paso de los años.*
> JAMES M. BARRIE

Miguel está viviendo a sus 50 años una segunda adolescencia. Pese a que ocupa un alto cargo en una empresa de telecomunicaciones, todo lo que era el sostén de su vida se ha venido abajo. Las relaciones con su esposa se han ido deteriorando hasta el punto de que él ha decidido mudarse a un pequeño apartamento de alquiler. Allí recibe a amantes y recupera hábitos de su época de estudiante.

Su deseo de gustar a mujeres jóvenes hace que se haya entregado a un entrenamiento muy exigente en el gimnasio, donde ya se ha lesionado dos veces. Se compra ropa que no es propia de su edad y posición y ha iniciado una dieta que le está provocando una fatiga constante.

En un punto de este retorno al pasado se siente confundido y extraviado. Sus compañeros en la empresa empiezan a murmurar de él, que tiene sus propias dudas sobre lo que ha hecho con su vida. Cuando acude a mi consulta, la ansiedad se ha apoderado de él y está intentando recuperar el rumbo de su existencia.

Adultos en el País de Nunca Jamás

En 1983 Dan Kiley publicó un libro llamado *El síndrome de Peter Pan*. Los lectores pronto definieron la obra como el libro de *los hombres que nunca crecieron*. Este síndrome se basaba en la siguiente sintomatología:

- *Irresponsabilidad.* Los que padecen dicho síndrome adoptan el rol de hombres maduros a pesar de que su comportamiento real es pueril. Su terror al compromiso los delata.
- *Ansiedad.* Son incapaces de tomar decisiones, no creen en sí mismos como entes independientes.
- *Soledad.* Necesitan ser aceptados por los demás de manera acuciante y, si no consiguen dicha aceptación, no podrán aceptarse a sí mismos.
- *Narcisismo.* Quieren satisfacer solo su propio ego. Les cuesta hacer algo por los demás.
- *Machismo.* Eluden sus responsabilidades como pareja y como padres. Solo piensan en lo cansados que están debido a su trabajo, sin tener en cuenta el de su pareja. No cooperan en las tareas del hogar a pesar de que la esposa trabaje tanto o más que ellos.
- *Conflictos con la sexualidad y su pareja.* Semejante «agotamiento» y obsesión por su trabajo puede provocar que su apetito sexual esté inhibido. Su comportamiento sexual, cuando llega el momento, a menudo es poco alentador, con lo que crean todavía más distancia con la pareja. En otros casos, su búsqueda desesperada de afecto puede llevarles a una infidelidad compulsiva.
- *Nostalgia enfermiza.* Al llegar a cierta edad y haber acumulado fracasos, el Peter Pan echa de menos su libertad y su juventud. En ese momento puede abandonarlo todo para intentar revivir esa segunda juventud. Recupera la rebeldía de la adolescencia, así como las ideas e ilusiones (ya marchitas) de la juventud. Los resultados suelen ser decepcionantes y poderosamente destructivos.

Todo ello suele ser acompañado por *crisis* en las que tiene salidas de tono, reacciones de ira, ataques de pánico... Asimismo, se puede caer en *adicciones,* como el alcohol o las drogas.

Existe la creencia de que el síndrome de Peter Pan afecta tan solo al sexo masculino, lo cual es un error. Es cierto que este síndrome afecta algo más a los hombres; sin embargo, ellas también pueden presentar los mismos síntomas.

A menudo se observan los indicativos anteriores en mujeres adultas que se visten como en la adolescencia y se comportan de la misma manera, siendo seguidoras de grupos musicales, moviéndose en ambientes que no corresponden a su edad y llevando una vida sentimental desequilibrada.

Cuando ha habido una carencia de cariño o atención durante la niñez, tanto hombres como mujeres pueden desarrollar un cuadro sintomatológico que concuerde con este síndrome, demostrando la misma falta de responsabilidad, la dificultad para expresar sentimientos, la búsqueda de protección, el miedo crónico...

SIMON Y PETER PERDIERON EL TREN

Hoy el síndrome de Peter Pan ha adoptado dos fórmulas modernas:

- El *síndrome de Simón*[1]: individuo soltero, inmaduro, obsesionado con el trabajo y narcisista, que tiene 30 años, vive en casa de sus padres y, cuando sale con una chica —el 90 por ciento de los Simones son hombres— y la chica le plantea algo más, él sufre ta-

---

1. Me referiré a él con más detenimiento en el capítulo 15, ya que hay mucha tela que cortar con este síndrome, hoy muy presente en chicos alrededor de los 30 años y que no es otra cosa que *pánico al compromiso*: terror a perder la libertad de la soltería. Merece la pena que el lector espere unas páginas para adentrarse en su contenido. Allí nos vemos.

> quicardia, angustia y ansiedad (por el miedo a comprometerse). Para poder superarlo es necesario tomar consciencia de que se sufre esta dolencia.
> - También tenemos el *síndrome del penúltimo tren*: el individuo es un hombre de 50 a 60 años que viene a decirle a su mujer: «Te quiero mucho, pero no estoy enamorado de ti, y soy tan auténtico que necesito una mujer veinte años más joven que tú». Son hombres con seguridad económica y que tienen el manual de conquista claro; son cínicos de salón, con el arte de la palabra florentina y el deseo de la eterna juventud en la conquista. Son capaces de tirar por alto una familia de veinte años por el narcisismo galopante.

Los cuentos de Wendy

Este trastorno de personalidad suele afectar más a las mujeres que a los hombres. Quienes lo padecen necesitan cuidar y satisfacer de manera obsesiva a su pareja o hijos debido a un patológico miedo a ser rechazados o abandonados, ya que su autoestima tiende a ser muy baja.

A menudo encontramos a un Peter Pan allá donde hay quien sufre el síndrome de Wendy, ya que para Peter, que huye de las responsabilidades, Wendy representa la comodidad: es esa figura que sacia todas sus necesidades y cumple con sus deberes.

Los sacrificios que hace una Wendy pueden llegar a ser continuados y extremos. Estas personas se consideran imprescindibles y creen que el amor no es otra cosa que trabajo, servicio y sacrificio. Wendy evita constantemente el conflicto: le causa terror que el cónyuge se enfade, así que lo perdona todo y tiende a pedir disculpas por cualquier cosa, incluso cuando tiene toda la razón. Llega a ejercer de madre de su propia pareja.

La adolescencia es la época clave, pues es durante esa edad cuando pueden aparecer algunas señales que ayuden a detectar el trastorno. La sobreprotección de las madres Wendy a menudo ocasiona que sus hijos padezcan el síndrome de Peter Pan, ya que han sido educados en el mínimo esfuerzo. Para poder superarlo, Wendy tiene que aprender a decir «no». Tiene que dejar de cumplir con las responsabilidades ajenas. Necesitará aumentar su autoestima y aprender a repartir los quehaceres cotidianos equitativamente.

> **TRES CLAVES CONTRA LA INMADUREZ EN EL AMOR**
>
> - Mira tu relación con visión larga de la jugada, como una andadura en la que habrá subidas y bajadas, porque la vida es así.
> - Ante un capricho, piensa cómo será esa persona en veinte o treinta años. Y no olvides lo siguiente: una de las grandes alegrías de la vida es tener una pareja unida durante años, y eso es la consecuencia de un trabajo psicológico artesanal, trabajado con esmero, con detalle, con minuciosidad y con capacidad de olvido.
> - Valora los aspectos psicológicos que ganan con la edad. Con los físicos sucede todo lo contrario. Ahí entra la espiritualidad: el valor de la persona. Ese es otro nivel de análisis.

TEST

1. **Tu relación de pareja hace tiempo que va mal...**
   a. Dejo que se vaya deteriorando hasta que todo caiga por su propio peso o sea la otra persona quien tome la decisión de romper.
   b. Afronto la situación y tomo la iniciativa para intentar salvar la relación o soy el primero en plantear la ruptura.

2. **Cuando piensas en el pasado...**
   a. Siento añoranza y pienso que aquellos tiempos fueron mejores.
   b. Me río de la pinta que tenía y pienso en todo lo que me queda todavía por vivir y disfrutar.

3. **Cuando escuchas música...**
   a. Siempre busco un canal o emisora que programe los temas que sonaban en mi adolescencia.
   b. Prefiero descubrir bandas y propuestas musicales nuevas que me sorprendan.

4. **En general, suelen atraerte físicamente...**
   a. Las personas mucho más jóvenes que yo.
   b. La gente de mi edad o incluso un poco más madura.

5. **Cuando te presentan a alguien por primera vez...**
   a. Me fijo mucho en su aspecto físico, su forma de reír, cómo viste...
   b. Acostumbro a hacer muchas preguntas y fijarme en lo que dice o cómo lo dice.

6. **Cuando alguien te cuenta que está atravesando un problema...**
   a. Me cuesta mostrar empatía y enseguida cambio de tema.
   b. Me intereso sinceramente por la situación que está atravesando e intento darle mi apoyo y consejo.

7. **Tienes todo un fin de semana por delante sin compromisos...**
   a. Llamo a mis amigos e intento planificarlo para no estar ni un segundo solo.
   b. Aprovecho para ordenar la casa, escuchar música, leer un buen libro y quedar con uno o dos amigos.

RESULTADOS

Por cada respuesta A, suma 2 puntos. Por cada respuesta B, suma 1 punto.

- **Menos de 8 puntos.** *Peter Pan* nunca fue tu película favorita. Te gusta vivir y disfrutar el presente, eres una persona decidida, no tienes miedo al compromiso y sabes ponerte en la piel de los demás.
- **Entre 8 y 12 puntos.** De vez en cuando miras con nostalgia hacia atrás y fantaseas con la posibilidad de una vida diferente. En ocasiones puedes pecar de narcisista y te cuesta afrontar las responsabilidades del día a día.
- **Más de 12 puntos.** Todavía vives en el País de Nuncajamás y sigues pensando que cualquier tiempo pasado fue mejor aunque esos añorados momentos ya queden muy lejos. Te cuesta hacer cosas por los demás, pero no soportas estar solo.

capítulo Doce | El arte de las despedidas

Ante la pérdida de un ser querido

> *Alguien debería decirnos,*
> *cuando empieza nuestra existencia, que ya estamos muriendo.*
> *Entonces sabríamos apreciar la vida en cada minuto de cada día.*
> *Aquello que necesitamos hacer hay que hacerlo ahora,*
> *porque no hay tantos mañanas como pensamos.*
> PABLO VI

Judith acaba de cumplir los 20 y no ha levantado cabeza desde la muerte de su padre, un año atrás. Estaba muy unida a él y le cuesta asimilar que se ha ido para siempre. Ha perdido la alegría de vivir y le asaltan a menudo episodios de tristeza que no logra controlar.

Su madre y sus hermanos la animan a que salga más y se distraiga, pero Judith se resiste a abandonar la coraza de melancolía que la separa de las satisfacciones cotidianas.

Llega a mi consulta aquejada de insomnio. Presenta asimismo un cuadro depresivo evidente. Además de prescribirle una medicación para que empiece a remontar, hablamos de las fases de duelo que la han de conducir de regreso a la vida.

La pérdida de un ser querido es la peor fractura interior que una persona puede sufrir. Todos sabemos que la muerte es inevitable, que no solo llegará a nuestros seres amados, sino también a nosotros mismos. Sin embargo, tendemos a no pensar en ella y evitamos mirarla de frente. Pero el fatídico día llega, de manera inesperada o no, y nos golpea el alma rotundamente. ¿Qué hacer cuando alguien tan querido nos deja?

Fases del duelo

La psiquiatra norteamericana de origen suizo Elisabeth Kübler-Ross estableció un total de cinco fases de duelo —tanto por la pérdida de alguien cercano como por la noticia de la propia muerte a causa de una enfermedad terminal—, aunque existen otras teorías que incluyen algunas más:

- *Estado de «shock».* La persona es incapaz de asimilar la noticia. Se bloquea y no puede reaccionar ante lo sucedido.
- *Negación.* Muchos empiezan aquí la fase de duelo, sin el estado de *shock*. El individuo no cree lo que ha sucedido, prefiere pensar que le están engañando o gastando una horrible broma pesada.
- *Sentimiento de culpa.* Esta fase no estaba incluida en la teoría de Kübler-Ross. En este punto, muchas personas se culpabilizan de lo sucedido. Creen que podrían haber hecho más para evitar la muerte del ser amado, o bien haberle demostrado más cariño en vida. Algunos incluso llegan a responsabilizarse de la muerte de la persona.
- *Negociación.* Es común en el caso de una muerte cercana todavía no acaecida. Los creyentes suelen negociar con un ser superior que les permita disfrutar más de la persona enferma y así poder despedirse bien. También ocurre cuando se trata de la propia muerte, en caso de enfermedad terminal.
- *Miedo.* Sobre todo los no creyentes, temen el paso hacia la no existencia.
- *Ira y rabia.* Las personas sienten celos, envidia de los que no van a padecer la muerte de alguien de manera inminente.
- *Depresión.* En esta etapa, una persona llega a pensar que la vida no tiene sentido y que es innecesario luchar para seguir

adelante. Es una etapa muy delicada, ya que puede degenerar en depresión exógena de diferentes niveles de gravedad.
- *Aceptación*. En el caso de un enfermo terminal, este es el momento en que se encuentra una cierta paz espiritual y se deja de luchar contra la muerte. En el caso de una pérdida, es el principio de la curación, porque se acepta lo inevitable.

Al filo de la muerte

El primer contacto que tuvo Elisabeth Kübler-Ross con la muerte fue al visitar un campo de exterminio nazi. Aquel drástico contacto con la brutalidad histórica y la realidad de la muerte influyó en la inocente joven suiza de 19 años que todavía era y le hizo comprender que el final de la vida iba a ser el objetivo de sus investigaciones. Ella estuvo en contacto con muchas personas que habían sido dadas por muertas clínicamente y, sin embargo, sus cuerpos «regresaron a la vida». Muchas de estas experiencias las relató en su libro *La muerte: un amanecer*. Las sensaciones y las visiones que tuvieron aquellas personas le hicieron entender que la muerte no es otra cosa que el final de una etapa. Exactamente igual que una oruga, que deja de ser tal una vez que ha creado el capullo y se convierte en mariposa transcurrida la metamorfosis.

Una vez que su corazón ha dejado de latir, los moribundos acostumbran a ver una potente luz blanca que les atrae y pueden contemplar su cuerpo desde fuera de sí mismos. Algunos, a pesar de no desear regresar a su existencia como seres humanos, vuelven al cuerpo y despiertan, aunque sin haber visto qué hay al otro lado de la luz. Nadie ha penetrado en ella y ha regresado.

La doctora Kübler-Ross trató a muchos veteranos del Vietnam que habían quedado parapléjicos y habían sufrido una muerte clínica después de llevar años postrados en una silla de ruedas.

Durante la experiencia, todos relataban haber tenido la sensación de volver a caminar. Entre su documentación, podemos encontrar casos en los que el paciente era ciego y, a su regreso, podía dar todo lujos de detalles —incluyendo dibujos y colores de las prendas de vestir— sobre los que habían rodeado su cuerpo mientras estuvo muerto.

Un caso muy revelador lo narró la misma doctora durante una conferencia que ofreció en el Segundo Congreso Holístico Internacional, en la ciudad de São Paulo, Brasil:

Tuvimos el caso de un hombre en Suiza que debía cruzar una montaña para asistir a un partido de fútbol muy importante. Durante el viaje, sufrió un accidente automovilístico y quedó gravemente herido. Tres médicos lo declararon clínicamente muerto y lo cubrieron con una manta. La ambulancia tardó horas en llegar hasta el lugar.

Tras su regreso, el hombre compartió con nosotros algo que fue una comprobación de toda la documentación que tenemos hasta ahora. Narró tener conciencia de que miles de personas se quejaban por no poder asistir al partido, pero después de un tiempo escuchó la voz de una mujer que rezaba fervorosamente por él. Y el hombre declarado muerto se sintió conmovido al ver que, entre los miles de personas que se quejaban por haber perdido un partido de fútbol, una mujer completamente extraña rezaba por él. Así que hizo una promesa a Dios: «Si vivo, de alguna forma, le diré a esa mujer que sus oraciones fueron escuchadas». Y, en ese estado, se acercó hasta la voz y memorizó el coche de donde procedía para poder identificarla después.

Para abreviar, después de nueve meses de exámenes, de cirugía, de rehabilitación, el hombre pudo volver a hablar y le pidió al médico que buscara un coche con un número determinado de matrícula. Llamaron a la mujer y ella acudió al hospital. Podéis imaginar lo que esto significó para la fe de la mujer.

> **HABLAR CON LOS MÁS PEQUEÑOS**
>
> Es lógico querer proteger a nuestros hijos del dolor y el desamparo, pero tarde o temprano llega el momento en que se interesan por el tema de la muerte y nos preguntan directamente sobre ella. ¿Cómo afrontarlo? Nuestra respuesta dependerá de muchos factores, desde las creencias religiosas hasta la edad del niño.
>
> En una entrevista de Inés P. Chávarri en el diario *El País* en 2012, el escritor y profesor de literatura infantil de la Facultad de Magisterio de la UPV en Vitoria, Javier Arnal, compara el grado de pudor que tenemos al hablar de este tema con nuestros hijos con el tema —igual de tabú— de la sexualidad. Él considera que hay que hablar de la muerte directamente, con valentía.
>
> La psicóloga Loreta Cid opina de la misma manera. No hay que evitarles el hecho de ir al funeral de un abuelo. Los niños también deben pasar por su propia fase de duelo.
>
> De forma parecida opina el psicólogo Earl A. Grollman en su libro *Explaining Death to Children*. Hay que contarles la verdad de forma directa y sencilla. No hay que utilizar eufemismos como «Está durmiendo», ya que, si el niño identifica el hecho de dormir con la muerte, podemos crear una situación de insomnio infantil a causa del terror a quedarse dormido para siempre, como lo hizo su abuelo.
>
> Tampoco hay que intentar disimular nuestro dolor o nuestro llanto ante ellos. Los niños se dan cuenta de que algo grave ocurre y, si no escondemos nuestros sentimientos, los hacemos partícipes y son conscientes de lo ocurrido, aprendiendo que la muerte es algo natural e irremediable.

Solo ante la vida

Según un estudio realizado por la socióloga de la Universidad de Rutgers, Deborah Carr; el psiquiatra de la Universidad de Michigan, Randolph Nesse; y la psicóloga de la Universidad de Nueva York, Camille Wortman, las personas viudas que viven una existencia plácida y feliz no es porque se llevaran mal con su pareja fallecida y se hayan liberado de ella. Bien al contrario, esas personas han aceptado la muerte de la persona amada como parte de la vida y han superado su duelo particular.

Más del 45 por ciento de aquellos que participaron en el estudio habían gozado de un matrimonio feliz y les quedaba el consuelo de los bellos recuerdos. Poco más de un 15 por ciento sufrieron una severa depresión incluso año y medio después del fallecimiento. Estos son los que más idolatraban su matrimonio, aunque tenían tendencia a depender de su difunta pareja. Y aproximadamente un 10 por ciento de viudos eran personas cuya vida en pareja era un fracaso e incluso sufrían depresión por ello. Sus obligaciones no les permitían separarse de la pareja y, hasta cierto punto, la muerte del marido o de la esposa fue un alivio para su existencia.

El duelo es un proceso natural en el que la persona que sobrevive supera el dolor y puede convivir con el recuerdo sin experimentar tristeza crónica. Mantenerse ocupado y tener una vida social sana ayuda a superar el trance. Si al cabo de seis meses el duelo y la tristeza siguen muy presentes, es recomendable acudir a un especialista antes de caer en una patología grave.

CUATRO CONSEJOS PARA SUPERAR EL DUELO

- Acepta la realidad: la vida se acaba.
- Entiende la importancia de la trascendencia. La vida tiene una parte espiritual y, si la suprimimos, le quitamos una parte importante de la existencia.
- Los místicos decían: «Esta es una mala noche en una mala posada». La frase de santa Teresa nos dice que la vida se acaba, pero que al mismo tiempo es apasionante. Si hay espiritualidad todo se entiende. Cuando esta falta, todo se puebla de nubarrones amenazantes.
- Acepta que es algo normal, pues el mismo Jesús lloró por la muerte de su amigo Lázaro. A eso se le llaman sentimientos sanos, acordes con la realidad.

TEST

1. **Un amigo o familiar padece una enfermedad terminal...**
   a. Evito acudir a su casa o al hospital para no pasar un mal rato y sentirme incómodo.
   b. Voy a verle varias veces, me intereso por él, hablo con sus allegados...

2. **Cuando asistes a un funeral...**
   a. Nunca entro a ver al difunto con la excusa de que prefiero recordarlo en vida y me limito a consolar a la familia en el tanatorio.
   b. Pido a la familia si puedo ver al difunto para darle mi último adiós.

3. **¿En alguna ocasión has hablado sobre cómo te gustaría que fuese tu entierro?**
   a. ¡Jamás! No me gusta hablar de la muerte y menos si se trata de la mía...
   b. Alguna vez ha surgido el tema y mis seres queridos ya saben cuál es mi voluntad.

4. **¿Tienes hecho el testamento?**
   a. Ya lo haré cuando no haya más remedio.
   b. Ya está redactado y mi gente sabe dónde encontrarlo llegado el momento de mi muerte.

5. **En el caso de padecer una enfermedad incurable...**
   a. Preferiría no saberlo y que me mantuvieran engañado.
   b. Querría saber en todo momento el progreso de la enfermedad, así como mi esperanza de vida.

6. **¿Te da miedo morir?**
   a. Solo pensar en ello se me acelera el corazón. Siento pánico a la nada y no me hago a la idea de cómo será no volver a sentir ni experimentar la vida nunca más.
   b. Me asusta el sufrimiento propio y el de mis seres queridos, pero acepto mi propia muerte como algo inevitable.

7. ¿Cada cuánto piensas en la muerte?
   a. Inevitablemente lo hago a menudo, a pesar de que me provoca un gran desasosiego.
   b. Apenas pienso en ella, ya lo haré cuando llegue el momento.

RESULTADOS

Por cada respuesta A, suma 2 puntos. Por cada respuesta B, suma 1 punto.

- **Menos de 8 puntos.** La muerte es algo inevitable y suele provocar desasosiego, pero en tu caso roza la obsesión. Deberías empezar a aceptar la realidad e intentar aliviar esa inquietud aprendiendo técnicas para trascender el miedo a la muerte.
- **Entre 8 y 12 puntos.** Afrontas la idea de la muerte con entereza y serenidad, sabes que es algo natural e irremediable aunque sigue siendo un tema que prefieres evitar.
- **Más de 12 puntos.** Para ti la muerte forma parte del ciclo de la vida y no tienes problema alguno en hablar sobre ella. Sabes que llegado el momento estarás preparado y sin miedo a lo desconocido.

APÉNDICE

La autoestima en la adolescencia

Si la infancia tiene algo de sólido y seguro, la adolescencia es la etapa de las encrucijadas. El adolescente quiere saber quién es y quién quiere llegar a ser. Si la infancia es seguridad y solidez en el ambiente familiar, la adolescencia es una etapa insegura y líquida: un mundo repleto de ingredientes se abre delante. Son muchas las facetas que aparecen y es difícil apresarlas en pocas palabras. *La adolescencia es la edad de las carencias y las posibilidades*. Todo es posible cuando uno tiene esa edad[1]. Lo he comentado con anterioridad: *cuando eres joven estás lleno de posibilidades, cuando eres mayor estás lleno de realidades*. Las *posibilidades*: el abanico de hechos y cosas que están delante es inmenso y todo puede suceder, cualquier cosa es posible. Y cuando pasan los años asoman las *realidades*: ya hay un resultado del trasegar existencial.

El adolescente se sumerge en el mundo y lo atraviesa y lo ex-

---

1. La juventud es la etapa de la vida del anticonformismo, de las rebeliones llenas de frescura, de los deseos hacia lo bueno, lo elevado, lo mejor. Mantenerse joven es no darse por vencido ni en uno mismo ni en el entorno social: querer cambiar el mundo, pero empezando con la propia persona.

plora y lo recorre a su estilo y lo ama y le desborda. Por eso es una de las fases más fecundas de la historia personal y son tan necesarios los maestros y los testigos[2]. Se producen aprendizajes, descubrimientos insólitos, superación de dificultades, idealismos desenfrenados, enamoramientos platónicos, descubrimiento de la sexualidad y todo lo que ella significa. En esta coctelera de ingredientes diversos debe moverse el adolescente, espigando lo valioso, lo que merece la pena, para incorporarlo a la ingeniería de su conducta. *Es el periodo de los excesos y de las restricciones, de lo desmedido y de los frenos*. Lo que él busca es su identidad.

La figura de los padres es sustituida por los *amigos* y los *ídolos del momento*; unos y otros van a ser decisivos en la influencia de la configuración de su personalidad. La amistad va a ser clave. Es, con la infancia y la pubertad, la única etapa de la vida en la que uno se pone más años de los que tiene; uno quiere ser mayor, participar más en el mundo que aparece delante de él. La mayoría de las chicas ya están desarrolladas: la menstruación, el pecho y los factores sexuales secundarios están presentes y conforman ya un modelado corporal preciso que se cuela en lo psicológico. Los chicos cambian de voz y descubren la sexualidad con más fuerza que ellas; la aparición de las poluciones nocturnas les hace descubrir la eyaculación, y esto les va a marcar. Ambos se interesan por el otro sexo y los amores en sus diversas gamas hacen su aparición con intensidad y traen sabores especiales, con la fuerza de la imaginación en primerísimo plano. Aparecen ambos como

---

2. Nuestro mundo de hoy, escribo en la falda del 2013, *necesita más de testigos que de maestros*. Es decir, de *vidas ejemplares* más que de *gente que enseñe*. Así de claro. En los primeros somos capaces de proyectarnos e imitar esos modelos sanos, completos, llenos de sentido que podemos copiar. En los segundos, observamos a veces maestros que no son ejemplares o que presentan incoherencias demasiado a las claras (pensemos en algunos políticos que suenan mucho..., no debo dar nombres) y que eso produce un rechazo frontal.

un yo corporal sexuado. Las relaciones exteriores reflejan las relaciones que el adolescente tiene consigo mismo. Ya Piaget subrayó que el descubrimiento del cuerpo debe ir acompañado de una serie de explicaciones convincentes para que él sepa entender lo que le pasa. *Es la explosión hormonal.* Con todo lo que ella significa. El entorno familiar y social es decisivo.

Las calificaciones de los estudios y los compañeros forman un tejido muy relacionado. Se compara con los otros y empieza a competir sin saberlo, no solo con las notas de los exámenes, sino con todo lo que circula a su alrededor. Se producen conversaciones sobre las personas del otro sexo, alianzas, desencuentros, rivalidades, etc., así como las primeras amistades sólidas, que tienen una importancia enorme y que le hacen ver la exclusividad que piden. Uno se abre y deja que su intimidad salga hacia otra persona que es su igual.

Las chicas muestran una madurez psicológica bastante mayor que los chicos de su misma edad. Una adolescente de 17 o 18 años puede salir con un chico de 23-25 años sin problema y que se dé una sintonía buena, un entendimiento positivo. La feminidad, la coquetería, son datos de relieve que aparecen y que arropan la sexualidad en un sentido muy general, con el amor, la ternura y la finura afectiva moviéndose a su alrededor. Las salidas de fin de semana van a poner de relieve las filias y las fobias, muchas veces sin matices[3]. *Esto marca los movimientos de aproximación y lejanía.* Y se pasa de la fachada de la persona a profundizar en lo que hay dentro. Se desarrolla así una especial sensibilidad para la sintonía y para averiguar si se va a poder dar

---

3. El *caerse bien* o *mal* muchas veces es más por impresiones fugaces y poco sólidas que por alguna anécdota realmente de relieve. Las cosas son así. Ese mundo es aún desdibujado, de contornos huidizos, de perfiles etéreos, más emotivo que racional.

una buena amistad, que es lo que se busca. Porque, no lo olvidemos, *la adolescencia es donde se descubre la verdadera amistad*. Ya empieza a haber intimidad[4].

Una travesía entre dos orillas

La pubertad es una época crucial en el desarrollo del ser humano. En las niñas se produce un desarrollo del sistema endocrinológico y de la maduración sexual. Es decir, su cuerpo empieza a transformarse hasta alcanzar un desarrollo que, biológicamente, las prepara para fecundar un hijo.

En Occidente el desarrollo mamario empieza alrededor de los 12 años, mientras que en el Caribe o en algunas regiones de Sudamérica una niña puede tener su primera menstruación a los 8 años.

En los niños la pubertad se manifiesta a través del cambio en la voz y la trasformación del pene y los testículos. Todo esto se produce también a los 12 años.

Niños y niñas experimentan entonces lo siguiente:

La emotividad

El mundo afectivo a esta edad es ya muy rico, aunque tiende a irse a los extremos. Todo es amor u odio, alegría o tristeza, felicidad o infortunio. Todos los sentimientos son dobles, como decía Gustav Janouch en su libro *Conversaciones con Kafka*.

---

4. Bucear en ello es muy interesante. Ver cómo los adolescentes se sumergen en las aguas procelosas de las vivencias resulta apasionante.

El corazón del hombre es una casa con dos estancias, en una late la alegría y en la otra la tristeza. Tal como indica este aforismo, la oscilación del humor es algo muy frecuente en la pubertad. Se pasa de un estado de ánimo al contrario con bastante facilidad. Aparecen también los primeros amores, que son muy importantes. Asimismo, se descubre la atracción a través de la observación. Casi sin contacto real, los jóvenes empiezan a vivir escenas imaginarias. En las mujeres la fantasía suele ser mayor que en los hombres.

La razón

El joven incorpora instrumentos de inteligencia lógica, de pensamiento directo y juicio crítico. Es una época en la que padres y profesores deben nutrir la inteligencia, enseñando a pensar y evaluar las cosas que suceden. Utilizar la cabeza y tenerla bien ordenada es primordial. Y saber renunciar a lo que no podemos llegar, eso es sabiduría y autocontrol. Quedarse uno con paz al ver que no llega a muchas cosas y que uno debe tocar las teclas que buenamente puede llevar hacia delante.

La voluntad

El adolescente empieza a descubrir la voluntad sin saber que es un factor central en la construcción de la personalidad. Los americanos, a través de la inteligencia emocional, la definen como la *capacidad para aplazar la recompensa*. La voluntad es una herramienta que puede aprenderse y que necesita tiempo para consolidarse. Hoy los psicólogos y los psiquiatras sabemos que esta es bastante más importante que la razón. Ella nos conduce hacia lo mejor, si hemos sido capaces de incluirla en la *ingeniería de la conducta*.

La amistad

Esta es una necesidad muy fuerte durante la adolescencia y primera juventud y, a la vez, una fuente de sufrimiento. Entramos en una etapa de grandes amistades, pero también de grandes fracasos. Una relación de verano muy apasionada puede romperse fácilmente para siempre por culpa de un malentendido.

Una problemática adolescente: el chico con fobia a la escuela

Me visita un niño de 14 años, Carlos, que se encuentra en plena pubertad. Físicamente es muy alto y delgado, tiene mucho pelo, es poco expresivo, tímido e inseguro. En la escuela ha sido objeto de *mobbing* y este hecho ha provocado que el chico no quiera ir al instituto y se encierre en su habitación. Al principio sentía temor por ir a clase, pero ese miedo se ha convertido en fobia, volviéndose insuperable.

En su primera visita, acude con sus padres. La madre rompe a llorar y me cuenta que ella está siguiendo un tratamiento antidepresivo, que está hundida por todo lo que sucede y que, además, la relación que tiene el chico con sus hermanas menores es muy mala.

Mi primer consejo es que el chico entre en otra escuela en la que no se sepa nada de él para que no le pongan una etiqueta.

El chico tiene una depresión reactiva exógena. Cuando empieza la nueva escuela, le doy una medicación psicorrelajante a dosis muy bajitas que le quita la tensión de estar pensando que se pueden reír de él.

Al cabo de un tiempo, el niño ha mejorado mucho. Tiene además un profesor particular que está con él dos horas por la tarde, aunque es importante también que aprenda a estudiar solo y sin ayuda.

Le transmito tres frases importantes que tiene que aprenderse:

- Tienes que empezar a estudiar tú solo, porque no eres un bebé.
- Aprende a concentrarte.
- Estate en lo que estás.

Le digo también que debe ayudar en las pequeñas tareas domésticas, pues se ha vuelto un niño un poco egoísta.

Para empezar a sociabilizar con los chicos de la nueva clase, le pido a su madre que organice una merienda; así podrá hacer nuevos amigos.

Los problemas más típicos de la adolescencia

Rebeldía

Es la principal problemática en la adolescencia. Puede no significar nada, pues las hormonas están en ebullición y los tres grandes componentes de la personalidad —el mundo afectivo, la inteligencia y la voluntad— se están modificando. Sin embargo, existe la posibilidad de que sea el inicio de un trastorno psicológico que suele empezar a esa edad.

El joven, en general, se rebela contra las reglas; por eso es muy importante que los padres sepan aplicar normas elásticas. *Educar es acompañar*, ir con él, convertir a alguien en persona seduciéndolo con valores e inteligencia.

Hoy en día es difícil educar por la cantidad de bombardeo informativo que hay en todas partes. Para que un joven actual acceda a la vida intelectual tiene que hacer una operación muy complicada que empieza por apagar el móvil, Internet, Facebook, Twitter... Y en esta travesía más del 80 por ciento se queda fuera.

Fracaso escolar

Se considera un problema serio en un alumno de entre 15 y 18 años el hecho de fracasar en los estudios. Lo que falla, en primer lugar, es el método de estudio, pues, como bien sabemos, estudiar necesita una metodología.

En segundo lugar, puede fallar la inteligencia instrumental. Existen muchas modalidades de inteligencia que se dividen en dos: la *monárquica* y la *oligárquica*. En la *monárquica* aparece un *factor rey* que domina a los demás, mientras que la *oligárquica* apunta a diversos factores que forman un mapa difícil de armonizar en una misma persona.

Inteligencia es *capacidad de síntesis*, saber distinguir lo fundamental de lo accesorio, captar la realidad en su complejidad.

Hay en la adolescencia una inteligencia esencial que es la instrumental y que consiste en tener aquellas herramientas que potencian la inteligencia base elevándola de nivel: el orden, la constancia, la voluntad y la motivación.

Detrás del fracaso escolar suele haber malos métodos, tanto en cuanto a técnicas de estudio como en inteligencia instrumental. El *orden* empieza en la habitación de uno, en la ropa, en los horarios, etc. La *constancia* es la tenacidad y perseverancia fundamental para sacar adelante los estudios. Además, se necesita la *voluntad*, que es la capacidad para ponerse objetivos y sacarlos adelante. Para tener objetivos concretos hay que saber renunciar a cosas, pues querer abarcarlo todo es absurdo. La *motivación* es asimismo fundamental, y puede tener como meta satisfacer a los amigos, o a la familia, o al hecho de que aparezcan las notas públicamente.

El famoso TDH

En el fracaso escolar se ha puesto de moda un diagnóstico que no existía antes y que es un cajón de sastre: el TDH o *trastorno por déficit de atención e hiperactividad*. Es incorrecto que todo fracaso escolar se valore así hoy día.

El TDH es un déficit de la capacidad de estar atento que da lugar a una dispersión objetiva, pues la persona está en muchas cosas y en ninguna a la vez. Puede ser un hábito que se ha ido colando de forma negativa en la conducta, aunque también puede originarse porque la región del cerebro llamada sistema reticular activador ascendente, que regula la vigilia y la capacidad para prestar atención, no esté bien. Para este síntoma se toma el *metilfenidato*, que es un reactivador de la atención[5]. Hay que ir con cuidado en la administración de este fármaco, pues si se confunde el TDH con el fracaso escolar su administración provocaría desinhibición en el alumno, desatando así crisis de ansiedad y reacciones agresivas.

---

5. Se ha puesto de moda este medicamento. Su producto comercial más conocido es el Concerta, que tiene tres posologías: de 18, 36 y 54 mg. A dosis altas es un potentísimo activador de la capacidad de concentración. Y mezclado con antidepresivos puede ser de una gran eficacia clínica.

La personalidad «borderline» o límite

Esta personalidad, muy común en la adolescencia, está presidida por la impulsividad, el descontrol con incontinencia verbal negativa y la dificultad para reflexionar con serenidad ante los acontecimientos. El comportamiento se dispara sin que la persona sea consciente de su resultado, ya que no se detiene a valorar el alcance de su conducta.

TERCERA PARTE

FELICIDAD EN CONSTRUCCIÓN

capítulo Trece
La tabla de salvación del náufrago

Inductores fallidos de la felicidad

> *Somos adictos a nuestros pensamientos.*
> *No podemos cambiar nada*
> *si no cambiamos antes nuestra manera de pensar.*
> SANTOSH KALWAR

Aunque lleva más de veinte años bebiendo todos los días, no ha sido hasta entrar en la cuarentena cuando David ha sido consciente de que tiene un problema. Los fines de semana su esposa rechaza dormir con él, porque llega del bar con un fuerte aliento a alcohol. Eso ha provocado que tenga que dormir en una habitación aparte.

En el almacén donde trabaja han empezado a llamarle la atención, porque ha sido visto bebiendo antes de su jornada laboral y se despista en detalles de su trabajo que antes no se le pasaban por alto. Finalmente sigue el consejo del jefe de personal, que le aconseja visitar a un especialista.

Una vez que está en mi consulta, además de recetarle una medicación que le ayude a abandonar su adicción, ahondamos en las causas de la misma.

La psicología actual ha tipificado muchas clases de adicciones. No es lo mismo la *adicción al sexo* —que es una adicción privada— que el *síndrome de Diógenes* —que designa a las personas que sienten la necesidad de acumular cosas—. Hoy día, por ejemplo, existen muchas facilidades para dejar el tabaco, porque hay una presión social muy fuerte. En cambio, una de las adicciones más frecuentes, no comúnmente vista como tal, es la *adicción al móvil* y a las *redes sociales*.

Un punto común en todas las adicciones es que convierten una herramienta o placer en una pérdida de libertad.

Psicología del adicto

Existen muchos mecanismos psicológicos que acompañan y tratan de ocultar la realidad de una adicción. Algunos de ellos son:

- *Autoengaño*. El adicto no se considera enganchado a nada y no cree que su comportamiento esté afectando a su vida laboral, familiar o social.
- *Hermetismo*. El enfermo no razona de manera abierta sobre su problema. Se cierra en sí mismo para proteger su adicción.
- *Escapismo*. El adicto visualiza un futuro en el que se ve libre de la adicción —«la semana que viene lo dejo»—, pero no hace nada para cambiar la situación.
- *Impaciencia*. El adicto se deja empujar por la urgencia. Cuando cree que necesita una dosis, la quiere justo en aquel momento de manera totalmente impulsiva.

DIAGNÓSTICO DE UN ALCOHÓLICO

Podemos considerar que una persona es alcohólica cuando el consumo de alcohol afecta directamente a su vida social, sentimental, familiar y/o laboral.

Veamos a continuación algunos síntomas de un posible problema de alcoholismo:

- Ingerir grandes dosis de alcohol sin llegar a sentirse embriagado.

- Pérdida de memoria.
- Temblores que desaparecen al tomar alguna bebida alcohólica.
- Falta de apetito.
- Náuseas a la hora de levantarse y vómitos.
- Sentirse culpable a la mañana siguiente de una borrachera.
- Ofenderse cuando un amigo nos sugiere que no bebamos tanto.
- Proponerse dejar de beber o beber menos y no conseguirlo.
- Justificarse a sí mismo. Consolarse pensando que mucha gente bebe y siempre lo ha hecho provoca que no veamos con perspectiva cuál es nuestra relación con el alcohol.

Atracando la nevera

Hasta hace relativamente poco, al hablar de dependencias se mencionaba el tabaco, el alcohol y las diferentes drogas ilegales. Sin embargo, la adicción a la comida ya es considerada una enfermedad por especialistas norteamericanos y ha sido incluida en el *Manual diagnóstico y estadístico de los desórdenes mentales (DMS)* de la Asociación Americana de Psiquiatría (APA).

Es por esta razón por lo que a alguien que sufra esta adicción no hay que considerarlo de forma despreciativa y alegremente como a un glotón, sino como a un enfermo.

Puntos a tener en cuenta:

- Los receptores específicos cerebrales que se observan en un adicto a la comida no distan apenas de los de los drogodependientes, los fumadores o los alcohólicos.
- La obesidad es una de las consecuencias de esta adicción, pero no puede combatirse con una simple dieta. Es necesario complementarlo con una terapia que estimule un cambio radical de comportamiento en el día a día.

- La ansiedad que ocasiona la adicción tiene que ser aplacada con los consejos y/o el tratamiento recomendado por un especialista.

> **TRES CONSEJOS PARA SUPERAR LAS ADICCIONES**
>
> - Toma conciencia de aquello que te está controlando para poner remedio.
> - Si la adicción es física, busca ayuda en un especialista que trace un plan de desintoxicación, junto con la terapia psicológica.
> - Asume que para desengancharse de una adicción hay que cambiar de hábitos para que el éxito sea duradero.

TEST

1. ¿Acostumbras a beber más alcohol cuando estás desanimado, bajo presión o tras un conflicto personal o laboral?
   a. En determinados momentos, tomar unas cuantas copas me ayudan a afrontar mejor el problema y a relativizar las preocupaciones.
   b. En alguna ocasión, pero intento no sobrepasarme porque luego me cuesta más superar el bajón.

2. Al beber junto a otras personas, ¿tratas de consumir mayor cantidad cuando los demás no se dan cuenta?
   a. Nunca me lo había planteado, pero recuerdo haberlo hecho en más de una ocasión.
   b. No tengo problemas en mostrar lo que bebo, que, por otra parte, no es demasiado.

3. ¿Comes cuando no tienes hambre o cuando te sientes triste o deprimido?
   a. Solo como durante las cinco comidas principales del día.
   b. Acostumbro a picar entre horas, especialmente cuando algo me estresa o preocupa.

4. ¿Cuántas redes sociales utilizas?
   a. Solo una y no acostumbro a consultarla muy a menudo.
   b. Más de tres y estoy conectadas a ellas a diario.

5. ¿Cada cuánto tiempo consultas las aplicaciones de tu *smartphone* (mensajes, correo, redes sociales...)?
   a. Solo cuando tengo un rato libre.
   b. Cada media hora, aproximadamente.

6. Un amigo te sugiere que fumes o bebas menos...
   a. Reconozco que tiene razón e intento hacer algo al respecto.
   b. Le respondo que no hay para tanto y que lo tengo controlado.

7. Es domingo por la noche, llueve y no tienes cigarrillos en casa...
   a. Espero a mañana para comprar tabaco de camino al trabajo.
   b. Cojo un paraguas y bajo a la calle en busca de un bar para comprar un par de cajetillas.

RESULTADOS

Por cada respuesta A, suma 2 puntos. Por cada respuesta B, suma 1 punto.

- **Menos de 8 puntos.** Aunque no lo reconozcas estás enganchado a una serie de hábitos que limitan tu libertad. Recuerda que la adicción al tabaco, al alcohol, a la comida… puede acabar afectando seriamente a tu salud y perjudicar su vida laboral, familiar o social.
- **Entre 8 y 12 puntos.** Tu relación con las adicciones no es alarmante, siempre y cuando no permitas que un hábito acabe convirtiéndose en una necesidad.
- **Más de 12 puntos.** Todo bajo control. No dejas que ninguna adicción controle tu vida y sabes disfrutar del placer de beber un buen vino o fumar un cigarrillo de vez en cuando sin que se convierta en un hábito esclavizante.

capítulo Catorce
Dudas que generan más dudas

Las grietas de la inseguridad

> Nuestras dudas son traidoras
> que nos hacen perder lo bueno que podríamos ganar
> haciéndonos temer el intento.
> WILLIAM SHAKESPEARE

Desde que su marido heredó un piso en la zona alta de la ciudad, Clara se siente insegura al tratar con los vecinos o incluso cuando va a los comercios de su nuevo barrio. Siempre le ha acomplejado no tener estudios y con la llegada de su tercer hijo dejó de trabajar, con lo cual se siente una persona muy limitada que no encaja con el entorno sofisticado al que se ha mudado.

Su marido le dice que no se preocupe por los demás, que la aceptarán tal como es si ella misma no se boicotea. Sin embargo, Clara no puede evitar sentirse inferior, como si estuviera usurpando un lugar que no le corresponde ocupar.

Eso ha hecho que se encierre en casa con los hijos, hasta que su marido la ha convencido para que acuda a mi consulta. Se trata de un problema menor que solucionamos a través de una charla para explicarle que debe valorarse más y ser asertiva.

Los seres humanos tenemos un diálogo interno con nosotros mismos; esto es algo natural, pero si ese diálogo es negativo y nos lleva a la paralización de nuestra actividad, estaremos condenados a sufrir baja autoestima. Esto tendrá como consecuencia un poso de inseguridad y dudas ante cualquier reto que se nos plantee.

Hay muchas causas que pueden provocar un estado de inseguridad personal, entre ellas:

- Haber sido blanco de *las burlas o las críticas durante nuestra infancia*, que es cuando se levantan los pilares de la autoestima.
- Haber crecido en el seno de una *familia excesivamente perfeccionista, crítica y exigente.* Eso suele tener como consecuencia que nosotros mismos seamos perfeccionistas, autocríticos y autoexigentes en demasía.
- *La falta de comunicación asertiva.* No expresar lo que pensamos puede crear rabia, fobia social y falta de confianza en uno mismo. Asertividad es habilidad social.
- *Querer agradar a todos los demás.* Si nos preocupamos de agradar a todos y cada uno de los que nos rodean, quedaremos presos de una actitud que nos aleja de nuestra propia esencia.
- *Haber sido rechazado sentimentalmente.* En el campo de las relaciones afectivas, un rechazo o abandono puede dejar la autoestima bajo mínimos y sembrarnos de dudas sobre nuestro valor.

El triángulo conductual

Según los parámetros de la psicología actual, existen tres tipos de conductas comunicativas:

- *La conducta pasiva.*
- *La conducta asertiva.*
- *La conducta agresiva.*

Como indican sus nombres, la conducta *agresiva* es desproporcionada ante cualquier situación y la conducta *pasiva* es una reacción pusilánime ante el mismo caso. Ninguna de ellas son buenas herramientas para relacionarse socialmente.

Ser *asertivo* significa defender una postura, opinión o derecho de manera clara, concisa, segura y respetuosa. Un persona asertiva tiene la certeza (de ahí proviene la palabra *asertividad*) de que lo defendido es correcto. Aunque esté segura de tener la razón de su parte, su defensa es respetuosa con los demás y trata de no ofender a nadie. Además, prefiere no dejar nada a medias; por eso habla con claridad y total seguridad. Todo ello no significa que sepa aceptar el hecho de estar equivocado, puesto que por orgullo no defiende jamás una postura errónea.

Una persona asertiva suele disponer de una buena dosis de empatía; es por ello por lo que muestra respeto hacia los demás, pero nunca permite ser apabullado sin defender sus propios intereses. Detesta las injusticias y, por esta razón, defenderá sus propios intereses, así como los de aquellos que estén siendo tratados injustamente, sea un amigo, un compañero de trabajo o un simple desconocido.

Ser asertivo no tiene por qué implicar conflictividad, ya que estamos hablando de una persona respetuosa, que más que imponer sabe negociar y que no suele hablar en un tono agresivo, sino más bien conciliador.

Ahondaremos un poco más en este valor en el capítulo 21 del libro.

LOS SIETE RASGOS DE LA ASERTIVIDAD

- *Honestidad*. El asertivo defiende lo que considera justo, pero sabe reconocer cuándo está en un error.
- *Seguridad*. La autoconfianza es imprescindible para ser asertivo. Sabe defender sus derechos y exponerlos dando argumentos.

- *Idoneidad*. Sabe escoger el momento y la persona adecuada para llegar a una negociación óptima.
- *Ser claro*. No se anda por las ramas, habla del tema a negociar de manera clara. Dice las cosas que tiene que decir, con rotundidad pero a la vez con tacto.
- *Respeto*. Su lenguaje oral y corporal es tranquilo, cerebral. Evita una manera visceral de hablar de cualquier asunto, por espinoso que este sea.
- *Ambición positiva*. El asertivo defiende sus intereses y lucha por sus objetivos, siempre que estos sean coherentes y estén dentro de sus limitaciones[1]. Rehúsa las quimeras.
- *Pragmatismo*. Sabe lo que quiere e intentará conseguirlo de manera clara, sin subterfugios ni pérdidas de tiempo.

CUATRO MEDIDAS CONTRA LA INSEGURIDAD

Para combatir la inseguridad es fundamental tipificar si esta es física, psicológica, social o cultural:

- *Física*. Intenta mejorar en lo posible todo lo que esté en tu mano y saca partido de tus puntos fuertes. Por ejemplo, Woody Allen no es guapo y tiene un éxito enorme con las mujeres porque como persona tiene mucho carisma.
- *Psicológica*. Examina dónde reside tu inseguridad y refuerza las parcelas más endebles.
- *Social*. Desarrolla habilidades asertivas, es decir, aprende a decir que sí o que no cuando sea necesario sin ofender a nadie.
- *Cultural*. Proponte aprender un poco cada día sobre historia, literatura o grandes civilizaciones. Un baño de cultura general procura seguridad y favorece la autoestima.

---

1. La codicia es mala, la ambición es noble.

TEST

1. **Tienes que dar una noticia desagradable a tu pareja...**
   a. Tardas varios días en encontrar la forma y el momento idóneo para decírselo.
   b. Hablas cuanto antes del tema para compartir serenamente con ella la situación.

2. **En una reunión de amigos todos están a favor del aborto menos tú...**
   a. No expresas abiertamente tu opinión para evitar la discusión.
   b. Expresas sin tapujos lo que piensas sobre el tema y defiendes tu posición respetando la convicción del resto.

3. **Viajas en el metro y observas que un grupo de jóvenes se burlan de un pasajero...**
   a. Sigo a lo mío sin inmiscuirme.
   b. Salgo en defensa del pasajero y me enfrento con seguridad al grupo.

4. **Entras con tu pareja embarazada en el autobús y nadie se levanta para cederle el asiento...**
   a. Me resigno y espero a que alguien se levante tarde o temprano.
   b. Me acerco a un grupo de pasajeros y pido en voz alta que alguno ceda su asiento a mi pareja.

5. **En el restaurante me sirven un plato que no es como había imaginado al verlo en la carta...**
   a. No digo nada, asumo mi error y me conformo con lo servido.
   b. Pido por favor que me traigan otro plato argumentando serenamente mi error.

6. **Cada vez que tengo que hablar con mi jefe...**
   a. Lo hago con un tono sumiso y con muchísimo tacto.
   b. Me dirijo a él con naturalidad y de tú a tú.

7. **Tu jefe te encarga un trabajo complejo que no acabas de entender...**
   a. Evito hacer demasiadas preguntas para no parecer un incompetente.
   b. Me aseguro de entender bien el encargo sin miedo a hacer todas las preguntas que hagan falta.

RESULTADOS

Por cada respuesta A, suma 2 puntos. Por cada respuesta B, suma 1 punto.

- **Menos de 8 puntos.** Pisas firmemente y no te dejas intimidar por nada ni por nadie. Pero puede que ese exceso de autoconfianza derive en cierta falta de humildad y debas mantener a raya tu exceso de vanidad.
- **Entre 8 y 12 puntos.** Te siguen afectando determinadas situaciones y parcelas de tu vida. Busca tus puntos fuertes y utilízalos para afrontar la vida con más seguridad.
- **Más de 12 puntos.** Eres una persona muy insegura que pasa de puntillas por la vida y con miedo a molestar. Puede que haya llegado el momento de analizar dónde reside tu inseguridad y reforzar tus ámbitos más endebles.

capítulo
Quince

El síndrome de Simón y sus derivados

La apatía es un ancla que impide zarpar

> *Demasiado a menudo un «ahora no» se acaba convirtiendo en un «nunca».*
> MARTIN LUTHER KING

Manuel vive en un estado de letargo desde que su empresa lo ha prejubilado. Pese a tener una buena compensación económica y la vida solucionada, con 55 años se siente en su casa como una fiera enjaulada. Su esposa sigue trabajando como maestra y sus hijos están muy ocupados con sus respectivas carreras. Solo él está inactivo.

Sumido en la apatía, mientras intenta descubrir un nuevo rumbo, Manuel pasa más horas de las que desearía durmiendo y apoltronado frente al televisor. Es demasiado joven para comportarse como un jubilado, piensa, y demasiado mayor para trabajar en una nueva actividad.

Un día que acompaña a su hija a mi consulta —sufre ansiedad debido a unas duras oposiciones— nos quedamos charlando sobre el abatimiento e inquietud que le generan su nuevo estado. Le explico las claves de la logoterapia a la vez que le animo a encontrar una nueva motivación para la fase vital que se abre ante él.

Sin sabor

La apatía se define como una falta de energía y vigor, indolencia y desgana. El ánimo de una persona que padece apatía permanece impasible y apenas reacciona ante los estímulos exteriores o sucesos importantes. Hay una falta de respuesta ante los estímulos afectuosos de los que le rodean y la sintomatología recuerda mucho a una depresión leve.

A menudo es una reacción ante el estrés y no tiene por qué tener carácter patológico, ya que puede ser una simple desgana ante algo que no interesa al individuo en cuestión.

A la apatía popularmente se la compara con la pereza o el aburrimiento, lo cual es erróneo, ya que la apatía puede ser diagnosticada clínicamente y en cambio en el caso de la pereza o el tedio resulta más difícil. De hecho, para diagnosticar la apatía es necesario un examen neuropsiquiátrico y un análisis del entorno del paciente. Una de las causas bioquímicas de la apatía es la disminución o carencia de un aminoácido llamado tirosina, que es el encargado de producir las catecolaminas —dopamina, norepinefrina y epinefrina— que aportan la energía necesaria a nuestro organismo. Otra de las causas bioquímicas es el bajo nivel de las hormonas tiroideas.

Muchas personas, para paliar su bajo nivel de catecolaminas, toman productos como el café, el chocolate o el azúcar, así como drogas para poder hacer frente al día a día con energía. Sin embargo, resulta contraproducente tomar a menudo esas sustancias, ya que, además de ser insuficientes, acaban pasándole factura a nuestra salud física y mental.

Lo mejor, si sentimos esta sintomatología, es ir a ver a un especialista.

> **OCHO TRUCOS ENERGIZANTES**
>
> La mejor manera de enfrentarse a la apatía es ser consciente de que se quiere salir de ese círculo vicioso:
>
> - *Potenciar nuestras relaciones sociales.* Salir de casa es importante. La luz solar es beneficiosa y una conversación interesante o divertida es un gran medicamento contra la apatía.
> - *Intentar cambiar el chip y pensar en positivo.* Si cambia nuestra manera de procesar la realidad, todo se modifica. Es el arte de sustituir un enfado, una idea obsesiva negativa o un recuerdo doloroso por algo que entre en el escenario mental en positivo (se puede cambiar de actividad).
> - Siempre que nos sea posible, *huyamos de la rutina.* Busquemos nuevos quehaceres, nuevos objetivos realistas e ilusionantes.
> - Si hay cosas en concreto que antes nos motivaban y que ahora no, *busquemos si hay alguna razón para ello.*
> - *Vigilar nuestra alimentación.* Cuidado con las grasas, las comidas copiosas, el alcohol y el azúcar.
> - *Quererse un poco más.* Darse premios a uno mismo cuando conseguimos dejar la apatía de lado, aunque sea ocasionalmente.
> - *Mirarse al espejo e intentar mejorar nuestra imagen.* Desde la ropa a un corte de pelo más favorecedor, tenemos recursos para gustarnos más y ser más atractivos para los demás. *La fachada es un lenguaje que deja a las claras un segmento de nuestra personalidad.*
> - *Practicar deporte o actividades al aire libre.* Un remedio básico contra la apatía que se conoce desde los clásicos: *mens sana in corpore sano.*

El síndrome de Simón

Las siglas corresponden a lo siguiente: **s**oltero, **i**nmaduro en lo afectivo, **m**aterialista, **o**bsesionado con el trabajo y ganar dinero y **n**arcisista. Se trata siempre de un hombre (no de una mujer) comprendido entre los *veintitantos años largos y los treinta tantos* *años largos,* soltero o separado que pasa por soltero y que se inscribe dentro de ese esquema mencionado.

Soltero

Para muchos la soltería es como un solar en el centro de una gran ciudad: siempre tiene buena venta y, a medida que pasa el tiempo, se revaloriza, sube su tarifa y mejora en rentabilidad. Maticemos: *solo quien es realmente libre es capaz de comprometerse.* Ser capaz de perder la soltería por un amor fuerte, sólido, atrayente, sugestivo indica vida, fuerza, capacidad de riesgo, vitalidad. Y, también, la necesidad de salir de uno mismo.

Muchos de estos jóvenes parapetados detrás de la soltería se exhiben y pasean frente a las chicas buscando mostrarse y desfilar por la pasarela de los que «están libres», para que después puje la que más fuerza tenga para llevarse el trofeo. Hoy está sucediendo algo verdaderamente notable en nuestra sociedad occidental y es que este tipo humano ha ido prosperando cada vez más. *Las mujeres buscan amor y seguridad; los hombres necesitan ser valorados.* Esta doble tendencia marca los hechos a los que estamos asistiendo.

Inmaduro

Aquí me refiero a una *inmadurez de los sentimientos*. Los sentimientos son estados de ánimo, positivos o negativos, que nos conducen a acercarnos o a alejarnos del objeto que aparece delante de nosotros. Son la vía regia de la afectividad, el camino carretero y trillado más frecuente. Voltaire era racionalista y Rousseau, sentimental. Leibniz decía que *tout sentiment est la perception confuse d'une vérité* («todo sentimiento consiste en la percepción confusa de la verdad»).

El sentimiento es la forma habitual y ordinaria de vivir los afectos. Son bloques informativos que nos orientan en la vida. Son una vía de conocimiento y un termómetro de nuestra vida privada. Los sentimientos son como un ordenador que evalúa y nos da la cuenta de resultados de cómo va la vida y milagros de nuestra afectividad; el principal sentimiento es el amor, y este se abre en abanico, repleto de matices: amar, desear, querer, sentirse atraído, buscar, tener en la cabeza, necesitar, estar todo el día pensando en alguien... El análisis está erizado de dificultades.

Tener madurez sentimental significa estar abierto a dar y recibir amor, a la posibilidad de descubrir otra persona a la que entregarle los papeles del tesoro escondido, dándose por entero a ella para elaborar un proyecto común. Enamorarse es crear una mitología privada con alguien. Hay dos notas esenciales: *tener admiración y sentir una fuerte atracción*. Es decirle a alguien: no entiendo mi vida sin ti, eres parte fundamental de mi proyecto. Enamorarse es necesitar a alguien, no entender la vida sin que esa persona esté en el centro del cuarto de máquinas de la propia travesía. El que está muy pagado de sí mismo no necesita a nadie.

En el síndrome de Simón nos encontramos con una persona que puede tener una adecuada madurez profesional (ama su trabajo, lo cuida, lo cultiva, es un buen profesional, etc.), pero que no tiene madurez afectiva: no sabe qué es el mundo sentimental, se muestra incapaz expresar sentimientos, ignora que el amor es un trabajo de artesanía psicológica y desconoce que los sentimientos hay que trabajarlos con dedicación y esmero, porque si no se volatilizan. El inmaduro no sabe dar ni recibir amor y, sobre todo, no sabe cómo mantenerlo.

En medio de estas brumas, en el Simón asoma, emerge, salta y se levanta huracanado otro cuadro clínico que se desgaja de este y que remata la faena del siguiente modo: *commiment panic syndrom*, el *síndrome del pánico a comprometerse* con otra persona.

Me decía un joven de 35 años que lleva saliendo dos años con una chica, de su mismo nivel social, que ella le había propuesto casarse, después de esos dos años de andadura, y él experimentó lo siguiente: «He tenido ansiedad, pellizco gástrico, dificultad respiratoria, pellizco en la tripa... cuando ella me ha propuesto casarnos. Y un gran miedo, porque yo creo que no estoy preparado y que lo que quiero es seguir por el momento así. Hasta que pase el tiempo, no me veo en condiciones adecuadas para dar un paso tan serio, no estoy preparado. Además, perder la libertad y estar controlado por alguien es algo muy duro».

Se han multiplicado los hombres que se adscriben a este terror al compromiso con otra persona. La sociedad actual ha ido fabricando cada vez más hombres inmaduros (que no mujeres), que viven centrados en sus trabajo, en sus amigos, salir y entrar, algo de cultura y pasarlo bien. Son los tiempos que corren. La mujer sabe mucho más de los sentimientos que el hombre y quiere buscar un amor verdadero, auténtico, para siempre, pero esto es lo que hay, el patio está de esta manera. Se ha producido en los últimos tiempos lo que yo llamaría una cierta *socialización de la inmadurez sentimental en el hombre*, divertida y escandalosa, juguetona y dramática, banal y kafkiana[1].

---

1. Se ha multiplicado el número de *simones* en los últimos tiempos, e incluso sucede un hecho que no quiero pasar por alto: algunos de ellos por fin se casan después de haber tenido distintas aspirantes y lo hacen a los cuarenta y tantos años..., pero al haber vivido solos no conocen las reglas de la convivencia de la pareja y, al poco tiempo, aquello se rompe. No en todos los casos, está claro, pero muchos se vuelvenególatras y atrozmente individuales, lo cual les va incapacitando para llevar una relación sana, positiva, en donde hay que saber renunciar de forma alegre y deportiva.

La convivencia diaria es una de las cosas más complejas que existen y se

Obsesionado con ganar dinero y con el éxito

La prioridad de esa persona es fundamentalmente encontrar una posición económica adecuada y situarse, y está dispuesta a sacrificarlo todo por esto. Hago una enmienda a la totalidad: es evidente que es importante trabajar el proyecto profesional, pero que ese sea el único elemento fundamental parece pobre, flaco, poco consistente. La parte es tomada por el todo.

Hay una nota escondida aquí, en muchos de estos *simones*, que es la *obsesión por el cuerpo* o que lleva a una cierta *fobia a su tipo corporal* e incluso a las partes faciales (a esto se le llama clínicamente con el nombre de *dismorfofobia*[2]). Esto lo saben bien los médicos de cirugía estética, pues buscan una intervención quirúrgica que palie esa impresión subjetiva. Me decía el doctor Juan Peñas, uno de los cirujanos plásticos más importantes de nuestro país, que está observando abundancia de personas con esta patología sumergida, desdibujada, trivial y sin fundamento.

Narcisista

El narciso es una planta exótica con hojas largas, estrechas y puntiagudas que crece al borde de los lagos y se inclina hacia ellos, mirándose en el espejo que el agua le ofrece. Plotino habló del

---

necesita haber aprendido muchas habilidades para llevarla bien. *La convivencia diaria es la prueba de fuego*: muchos de los *simones* no pasan ese examen.

2. El nombre no es bonito, pero en la clínica psicológico-psiquiátrica aparece a menudo. Significa una cierta forma de obsesión por el cuerpo en su totalidad (peso, musculatura, etc.) o por alguna de sus partes descubiertas, especialmente la cara (nariz, papada, mejillas, labios, orejas, etc.), y, en menor medida, por las manos. Es una manifestación más de esta *cultura del cuerpo* que sigue en su apogeo.

mito del narciso: cuidar tanto la fachada, la portada, la apariencia y la imagen que lleva a producir una idolatría de lo exterior.

Narcisista es el que tiene un amor y una preocupación desordenados hacia sí mismo, y que vive tras la cima de una autoestima cada vez más grande. El narcisista gira permanentemente sobre sí mismo, siempre preocupado por causar una buena impresión a la gente que le rodea. Reclama siempre elogios, admiración y reconocimiento. *El patrón de conducta se vertebra en torno a la necesidad de reconocimiento por parte de la gente de su entorno.*

De esta secuencia descriptiva asoma *el complejo de superioridad*, que es un sentimiento que hace que ese sujeto se vea muy por encima de los que le rodean. Hay una seguridad y una arrogancia enormes. El narcisista es vanidoso y sus afirmaciones son sentencias repletas de superioridad. Se trata de una persona muy pagada de sí misma que necesita cada vez más elogios y todo le parece poco en ese sentido; es una persona pretenciosa, creída, petulante… y cuando se le pregunta su opinión por alguien tiende a la descalificación inmediata y rotunda del otro. Muchos narcisistas se dan entre tipos hipermimados y superprotegidos, que están muy acostumbrados a recibirlo todo de palabra y de hecho, a no ser corregidos ni criticados por sus progenitores.

Los criterios para diagnosticar un narcisista son: un patrón general de grandiosidad, necesidad de admiración por parte de los demás, falta de empatía con los demás y fantasías de éxitos excesivos. El narcisista es un ser fatuo, pedante y engreído, que siempre espera recibir un trato de favor especial y, si este no se da, decae su interés por esa o esas personas. En muchas conversaciones, si no habla él o no se habla de él, se siente mal y llega a comentar que el diálogo no ha sido interesante, dada su necesidad enfermiza de ser el centro de atención.

Si este hombre de treinta y tantos años tiene un cierto éxito en su trabajo, se puede volver insoportable y, cuando se le conoce de verdad, produce bastante rechazo, pues carece de empatía. Hay en él una *autovaloración demasiado alta* y, además, una *hipersensibilidad psicológica*, de tal modo que acepta mal pasar inadvertido o que se le haga una crítica severa. En tal caso reacciona con desprecio cuando se le dice la verdad de su conducta (aunque se haga con tacto y mano izquierda).

Por eso, muchos narcisistas descalifican a las personas cercanas o a personajes de la vida pública. Con el paso del tiempo se pueden quedar solos y los que permanecen cerca se pueden volver aduladores: dice cosas positivas al otro con el fin de agradarle, pero pretendiendo sacar un beneficio de ello.

Esta tetralogía —*soltero, inmaduro, obsesivo y narcisista*— constituye una *sinfonía de instrumentos desafinados*, un tipo de hombre que ha construido su personalidad con unos materiales de poca solidez. De lejos brilla, suena, se asoma e interesa, pero de cerca es *una modalidad nueva del hombre light*[3], una versión de los albores del siglo XXI.

Los psiquiatras somos perforadores de superficies: nos metemos debajo de la conducta para descubrir qué se esconde tras ella y desenmascarar a la persona para captarla en su realidad.

Y en la otra cara de la moneda está la mujer soltera, sana y normal, que quiere encontrar un hombre adecuado, con el que compartir su vida, un amor para siempre, sin fecha de caducidad.

Veo cada vez más a mujeres desencantadas ante este tipo de hombre, que me dicen lo siguiente: «Yo busco un hombre que venga con los deberes hechos; no quiero un adolescente al que tenga que educar como si fuera su madre».

---

3. Vuelve aquí el célebre *hombre light*, pero ahora entrando por otra puerta. Son muchos los ingredientes que se hospedan en él. Todos hilvanados por lo mismo: *un individualismo de primer nivel*.

Todos tenemos tres caras: lo que yo pienso que soy (*autoconcepto*), lo que otros piensan de mí (*imagen*) y lo que realmente soy (*la verdad sobre mí mismo*). *La madurez de la personalidad se alcanza armonizando bien estos tres distritos: autoconcepto, imagen y verdad de uno mismo*[4].

Cuatro actitudes motivadoras

Para motivarnos y/o motivar a los demás podemos hacer uso de muchos recursos a nuestro alcance; más aún en una época en la que las redes sociales nos acercan a otras personas con las que podemos cooperar o participar en un proyecto.

Se han escrito muchos libros sobre la motivación, entre ellos *1001 formas de motivar a los empleados,* de Bob Nelson. Es un libro que nos habla del mundo laboral, pero cada ejemplo que encontremos en él puede ser aplicado a la vida cotidiana y personal.

El autor recomienda:

- *Mantener la moral alta.* Es importante reconocer los éxitos de los demás. Por pequeños que sean estos logros, hay que celebrarlos. Si las personas que nos rodean se saben valoradas por nosotros, también aceptarán las críticas (constructivas) de buen grado.
- *Fomentar la creatividad.* Dar independencia a los que nos

---

4. Estoy escribiendo este libro desde junio del 2013. La proliferación de *libros de autoayuda* es hoy enorme. Muchos se caen de nuestras manos, pero algunos son valiosos y ofrecen fórmulas y observaciones atinadas. El fondo de la cuestión es noble y lo he repetido a lo largo de estas páginas, de un modo u otro: *una de las puertas de entrada a la felicidad relativa es tener una personalidad madura.*

rodean, permitir que tengan libertad y que puedan realizarse en el lugar de trabajo o en la vida privada.
- *Hablar con las personas de nuestro entorno.* Escuchar sus problemas, sus quejas. Cuando la gente se sabe escuchada, se siente respetada.
- *Ser flexible con los demás.* Hay que saber amoldarse a las particularidades de cada uno. Ser inflexible levantará un muro contra el que se estrellarán las ilusiones de los demás.

Dar sentido al día a día

La logoterapia es una psicoterapia que fue creada por el neurólogo austriaco Viktor Frankl. Tal como nos explica en *El hombre en busca de sentido*, la terapia está centrada en el sentido o el significado de la existencia de cada persona. De esta manera, el paciente se siente como un ente único e irrepetible del que hay que tener en cuenta toda su dimensión espiritual.

Tal como nos dice Frankl: «La búsqueda del sentido de la vida por parte del hombre constituye una fuerza primaria y no una "racionalización secundaria" de sus impulsos instintivos. Este sentido es único y específico en cuanto es uno mismo y uno solo quien tiene que encontrarlo; únicamente así logra alcanzar el hombre un significado que satisfaga su propia voluntad de sentido».

Por consiguiente, salir de la apatía y encontrar la motivación dependen de que sepamos dar un sentido a nuestros días, hallar nuestra misión: aquello que justifica y da valor a nuestro paso por el mundo.

LOS CINCO PILARES DE LA LOGOTERAPIA

- *Búsqueda del sentido de la vida.* Cada persona tiene que encontrarlo por sí misma; de hecho, tiene que descubrir ese sentido, ya que siempre ha estado allí a pesar de que no lo haya detectado.
- *Razones por las que vivir.* Una persona, en las peores circunstancias, se aferra a la vida si tiene algún motivo por el que seguir luchando. Hay que buscar las razones para entender nuestra propia existencia. Ver siempre el ángulo o la vertiente positiva de todo; esto es arte.
- *Libertad.* Puede estar dentro de la misma persona, aunque esta se vea físicamente mermada. *Amar la libertad propia y respetar al máximo la ajena.* Gran ecuación.
- *Valoración de la crisis o del conflicto.* En la logoterapia se valora el conflicto, ya que ayuda a la búsqueda del sentido de la vida, a menudo mucho más que la serenidad. *El hombre fuerte se curte en la espera.*
- *Crisis existencial.* La logoterapia está muy indicada para los sentimientos o crisis existenciales. Cuando alguien considera que la vida ha dejado de tener sentido, nada mejor que aprender a buscarlo. Y *dar la batalla contra la ignorancia: la cultura como salida.*

DOS ESTRATEGIAS CONTRA LA APATÍA

En primer lugar es necesario distinguir la apatía *constructiva* de la *reactiva*:

- *Apatía constructiva.* Se trata de personas que siempre han sido así: pasivas, dejadas, sin voluntad, sin garra, sin energía... Si son de esta manera desde siempre, existe un fondo genético y es necesario un tratamiento con farmacoterapia.
- *Apatía reactiva.* Cuando aparece causada por algo, para superarla es necesario fijarse objetivos muy concretos. La forma más fácil de decepcionarse es errar en las expectativas, poner demasiada esperanza en algo. Para evitarlo, debemos ser moderados en las expectativas hacia nosotros mismos y sacar el máximo partido a lo que tenemos entre manos, pero siendo realistas.

TEST

1. **Durante varios meses te esfuerzas en lograr un objetivo y finalmente no lo consigues. ¿Cómo reaccionas?**
    a. Replanifico o cambio mis expectativas y continúo intentándolo.
    b. Considero que no vale la pena seguir y abandono.

2. **Cuando tienes un problema serio...**
    a. Comparto mi inquietud con los demás y pido consejo para disponer de diferentes enfoques y puntos de vista.
    b. Me aíslo y cavilo en solitario cómo superar el problema sin pedir ayuda o soporte a nadie.

3. **Considero que...**
    a. Soy responsable de mi estado de ánimo y controlo mi vida, a pesar de que algunas cosas escapan a mi control.
    b. No hay nada que hacer para controlar el destino y todo está en manos del azar.

4. **Durante las vacaciones...**
    a. Exprimo los días y no paro de hacer cosas. Me apunto a talleres, leo, escucho música, organizo salidas...
    b. A los pocos días ya no sé qué hacer y me aburro.

5. **En plena noche escuchas a tus vecinos de arriba discutir acaloradamente. De repente, suena un grito y algo parecido a un disparo...**
    a. Subo corriendo y llamo a la puerta para comprobar que no ha pasado nada grave.
    b. Sigo durmiendo.

6. **Conforme van pasando los años...**
    a. Los vínculos familiares y personales tienen cada vez más importancia para mí.
    b. Cada vez tengo más ganas de estar solo y que nadie me moleste.

7. **Se rumorea en la oficina que quieren despedir a varios empleados...**
   a. Sigo haciendo mi trabajo como siempre, pero empiezo a pensar en posibles alternativas de empleo si finalmente me despiden.
   b. Bajo mi rendimiento laboral angustiado ante la posibilidad de que me despidan.

RESULTADOS

Por cada respuesta A, suma 2 puntos. Por cada respuesta B, suma 1 punto.

- **Menos de 8 puntos.** A tu vida le falta intensidad. Afronta esa falta de energía y vigor potenciando tus relaciones sociales, siendo más optimista y huyendo de la rutina.
- **Entre 8 y 12 puntos.** Tiendes a la comodidad y en ocasiones te muestras pasivo ante situaciones que deberías afrontar con más actitud. Utiliza los trucos energizantes del presente capítulo para mejorar ese comportamiento.
- **Más de 12 puntos.** Eres una persona decidida que afronta la vida con una actitud despierta y apasionada, algo que por otra parte encanta y seduce a la gente que te rodea.

capítulo
Dieciséis | Dar la vuelta al espejo

La dependencia de las opiniones ajenas

> *Quien tiene cincuenta afectos*
> *tiene cincuenta dolores.*
> BUDA

Desde que tiene uso de razón, Marisa ha intentado gustar a todo el mundo. Ya de pequeña se subía a una silla en las reuniones familiares y recitaba largos poemas para ganarse la simpatía de los comensales. En la adolescencia se alió con las líderes de la clase para obtener prestigio social.

A sus 44 años, sin embargo, la obligación de agradar le está costando un precio demasiado alto. En la empresa de seguros donde trabaja todo el mundo le pide favores y le pasa tareas que a ella no le corresponden. Para no perder popularidad, Marisa accede a todo lo que le piden y cada día trabaja más horas y va más estresada.

Llega a mi consulta con palpitaciones, aquejada de la sensación de que no puede con todo. Cuando me cuenta su caso, antes de entrar en las razones profundas de su dependencia de las opiniones ajenas, le propongo que vea en casa la película El apartamento, *donde Jack Lemmon vence la tiranía de su oficina haciéndose valer ante las personas que se aprovechan de él.*

La dependencia de las opiniones ajenas es consecuencia de la baja autoestima, que lleva al sujeto a buscar fuera una aprobación que debería darse a sí mismo. Nadie puede confirmar desde fuera nuestro propio valor.

Hay personas que necesitan constantemente la aprobación de los demás y si no la consiguen permanecen en un alarmante estado de ansiedad. Esto les causa tal sufrimiento que pueden llegar a hacer grandes sacrificios para conseguir dicha aprobación, desde gastar dinero que no tienen a embarcarse en actividades que en realidad no les agradan.

Sentir que uno gusta a los demás no es en absoluto negativo, pero la constante búsqueda de esa aprobación puede crear una adicción perniciosa que degenere en una esclavitud hacia los demás, una baja autoestima y la pérdida de la libertad individual.

El psicólogo argentino Walter Riso razona al respecto:

> En muchas ocasiones decimos «sí» cuando queremos decir «no», o nos sometemos a situaciones indecorosas y a personas francamente abusivas, pudiendo evitarlas. ¿Quién no se ha reprochado alguna vez a sí mismo el silencio cómplice, la obediencia indebida o la sonrisa zalamera y apaciguadora? ¿Quién no se ha mirado alguna vez al espejo tratando de perdonarse el servilismo o el no haber dicho lo que en verdad pensaba? ¿Quién no ha sentido, así sea de vez cuando, la lucha interior entre la indignación por el agravio y el miedo a enfrentarlo?

Inteligencia social

Esta clase de inteligencia comprende la habilidad o capacidad de ganarse la simpatía, la admiración, el respeto o la confianza de los demás, y la posibilidad de gozar de su cooperación o apoyo. De hecho, en palabras de Karl Albrecht, autor del libro *La inteligencia social. La nueva ciencia del éxito*: «La inteligencia social es la capacidad de llevarse bien con los demás y conseguir que cooperen con nosotros».

Albrecht distingue entre dos tipos de comportamientos: tóxicos y nutritivos. Quienes utilizan comportamientos tóxicos lo hacen para humillar, ofender o pisotear, mientras que aquellos que utilizan los comportamientos nutritivos lo hacen para que los demás se sientan amados, valorados, respetados y admirados. Son esas personas que intentan ayudar a quienes les rodean, creando un ambiente agradable donde sea que vayan.

EL MODELO SPACE

Karl Albrecht creó un método para valorar la interacción con los demás, el cual se rige por lo siguiente:

- *Conciencia situacional.* Saber interpretar a una persona en una situación determinada. Atenerse a lo que dice.
- *Presencia.* El lenguaje tanto verbal como corporal. Hacer una síntesis.
- *Autenticidad.* Sinceridad, mostrarse tal como uno es sin artificios innecesarios. Ser verdadero con el otro.
- *Claridad.* Comunicarnos con los demás de manera concisa e inequívoca. Ser transparentes.
- *Empatía.* Como ya sabemos, es la capacidad de ponernos en la piel de cualquier persona. Comprender es aliviar.

En otro libro sobre el mismo tema, *Inteligencia social: la nueva ciencia para mejorar las relaciones humanas*, Daniel Goleman califica la inteligencia social como un instinto con el que nacemos, pero que se puede perfeccionar con el paso de los años. Según este autor de referencia, la inteligencia social está formada por dos componentes muy importantes:

- *Conciencia social.* Aquello que nosotros percibimos. Está formada por lo siguiente:

- *Cercanía primaria*. Percibir señales corporales —es decir, no verbales— en los demás.
- *Sintonización*. Saber escuchar a los que nos rodean, saber crear una sintonía con ellos.
- *Precisión empática*. Ponerse dentro de su pensamiento y entenderlo.
- *Conocimiento social*. Saber cómo funcionan las cosas en la sociedad que nos rodea. No ser ni utópicos ni de un realismo ramplón. Arte y oficio en las relaciones con los demás: eso se aprende tomando nota.
- *Facilidad social*. La manera como actuamos. Está formada por lo siguiente:
  - *Sincronía*. Interacción a nivel no verbal.
  - *Autoproyección*. La manera que tenemos de presentarnos a los demás.
  - *Influencia*. Utilizar las interacciones sociales. Influir es cambiar criterios que mejoran la conducta del otro.
  - *Preocupación*. Interesarnos en los demás y colaborar en cierta medida con nuestra ayuda. Mejor ocuparnos que preocuparnos.

Resumiendo mucho, la diferencia entre la *inteligencia emocional* y la *social* es que la segunda promueve la empatía con el grupo, lo cual no significa que debamos gustar a todo el mundo. Justamente, si observamos a las personas más populares, veremos que son las que se comportan con más naturalidad. No tratan de adaptarse a nadie ni de parecer lo que no son, sino que se presentan ante los demás con amabilidad y naturalidad, sin ejercer la presión de quien reclama aprobación. Ser independiente es una gran aspiración psicológica.

> ### CUATRO CONSEJOS CONTRA LA NECESIDAD
> ### DE LA APROBACIÓN AJENA
>
> - Aprende a quitarle importancia al *qué dirán*. No podemos ser moneda que a todos guste. Eso es no tener los pies en la tierra.
> - Lucha para ir alcanzando grados mayores de *naturalidad* y ser tú mismo. La naturalidad es la aristocracia del comportamiento.
> - Otro principio: *no buscar la aprobación de los demás*. Soy yo el que se aprueba o se suspende, no los que me rodean[1].
> - Aprende a *quitarle importancia a cualquier fallo de nuestra conducta*. Aceptar errores sin dramatizar y sacar alguna lección concreta que nos ayude a mejorar.

---

1. Salvo el consejero o el amigo de verdad, que nos ponen frente a nuestros fallos o defectos con el afán positivo de que corrijamos algo concreto. Hay un matiz ahí que no debemos desdeñar.

TEST

1. Cuando vas a comprar ropa...
    a. Siempre voy a la tienda acompañado de alguien para que me ayude a decidir lo que me queda mejor.
    b. Sé muy bien qué tipo de prendas y colores me favorecen y no necesito que nadie me asesore.
 	
 2. Cuando conoces a alguien nuevo...
    a. Enseguida muestro mi forma de ser, explico de qué trabajo, cuánto gano, el coche que tengo...
    b. Me intereso por saber más acerca de aquella persona, pero sin entrar en temas materiales o personales.
 	
 3. En el trabajo provocas una situación complicada por culpa de un error personal...
    a. Intento que nadie se entere del fallo o disimulo el desliz para retrasar las posibles consecuencias.
    b. Comparto el problema con mis compañeros para que me ayuden a que la situación no se complique más.
 	
 4. Cuando estás con tu pareja...
    a. Necesito que continuamente me dé muestras de cariño y amor.
    b. Me siento bien solo con su presencia.
 	
 5. Paseando por un mercadillo, compras un viejo cuadro para decorar el salón de casa. Por la noche, unos invitados critican tu buen gusto y se burlan de tu talento como decorador...
    a. Me da igual. Ese cuadro me encanta y sigue presidiendo el salón de casa.
    b. Hago caso de sus críticas y descuelgo el cuadro.
 	
 6. Finalmente consigues entablar conversación con una persona que te atrae desde hace meses...
    a. Me muestro tal y como soy sin importarme lo que pensará sobre mi forma de ser.
    b. Escondo más que muestro y me paso la velada adulándola.

7. **Durante una conversación sobre la historia de tu país...**
   a. Reconozco que ignoro algunos hechos y presto atención a las explicaciones de aquellos que saben más que yo.
   b. Simulo que sé de qué se está hablando e incluso llego a inventar algún dato o pasaje histórico para captar la atención de los demás.

RESULTADOS

Por cada respuesta A, suma 2 puntos. Por cada respuesta B, suma 1 punto.

- **Menos de 8 puntos.** Muestras gran parte de los comportamientos típicos de aquellas personas que buscan la continua aprobación de los demás. Puede que haya llegado el momento de aprender a quitar importancia al «qué dirán» y dejar de estar tan pendiente de las apariencias.
- **Entre 8 y 12 puntos.** Poco a poco has ido consiguiendo comportarte de una manera más natural sin miedo a lo que pensarán de tu forma de ser o actuar. No obstante, sigues siendo una persona perfeccionista a quien le cuesta restar importancia a cualquier fallo o error criticable en su conducta.
- **Más de 12 puntos.** Te importa poco la impresión que los demás tengan de ti. Eso no significa que vivas en una burbuja, sino todo lo contrario, te gusta sentirte querido y aprobado por tu gente, pero no te obsesiona la imagen que puedan tener de ti y actúas siempre con naturalidad y sin esconder nada de tu personalidad.

capítulo
Diecisiete | Traumas del pasado

La cadena del fantasma

> *Una cosa es mirar al pasado*
> *y otra muy diferente es quedar prisioneros de él.*
> CHARLES CALEB COLTON

Jaime tiene 35 años y siempre ha albergado el deseo de fundar una familia. No obstante, nunca lo ha hecho realidad porque el pasado pesa demasiado en su conciencia. Su padre, que tenía un acusado trastorno bipolar, le expuso en su infancia a repetidas escenas de violencia que se han marcado a fuego en su memoria.

Con una vida ordenada y una buena posición social, Jaime salió varios años con una mujer muy brillante que habría accedido a su aspiración de fundar una familia, pero en el último momento él se echó atrás y terminaron rompiendo.

El motivo fue que Jaime teme repetir los episodios de violencia vividos en casa. No se siente preparado para construir el futuro porque el pasado le ancla permanentemente al dolor.

Inicio con él una terapia para dejar atrás para siempre ese lastre.

Según Sigmund Freud, el trauma es un suceso que conlleva una excesiva excitación en la vida psíquica de la persona, que no puede asimilarlo ni controlarlo, cosa que provoca serias patologías y trastornos.

Freud ofrecía el ejemplo de un niño que veía a dos personas

en plena relación sexual. Por un lado, semejante visión ya causa un enorme impacto en el pequeño. Pero no solo resulta traumática porque sea una emoción fuerte, sino porque además hay un sentimiento contra el que cree que ha de luchar, y es el propio deseo sexual, totalmente opuesto al rechazo de la visión original. Aquí es donde aparece el conflicto interno.

Para Freud un hecho resulta traumático simplemente porque causa síntomas. Un incidente, por muy brutal que sea, no es la causa última de un trauma. Tal como sucede en el ejemplo del niño, el trauma aparece a causa de al menos dos emociones en conflicto con las ideas y posibles deseos relacionados.

Hacer las paces con el pasado

Es importante averiguar cuál fue el origen y la causa del trauma, y averiguar incluso si realmente sucedió, porque a veces un malentendido o una idea errónea pueden ser la causa de un trauma que, en realidad, no debería haber existido.

Una persona puede padecer un trauma a partir de un recuerdo nefasto que acude frecuentemente a su mente. Aunque existe otra forma más devastadora de presentarse. Un trauma puede estar escondido en el subconsciente y, aunque la persona no lo recuerde, causar un terrible sufrimiento en su día a día.

La mejor manera de hacer las paces con el pasado es asumirlo, no dejarse dominar por el sentimiento de culpa y pedir ayuda, tanto a las personas cercanas como a un profesional. Enfrentarse a un pasado traumático no es fácil y si presentamos batalla solos podemos perder la guerra, otorgando más fuerza a nuestro enemigo.

Imagery rescripting therapy es una técnica que suele dar muy buenos resultados. Utilizada para reescribir el pasado, fue utilizada por primera vez por Arnoud Arntz y Anoek Weertman.

Ambos investigadores constataron que, en ciertos casos de trauma en los que las otras terapias no daban resultado, era necesario *reescribir* dichas experiencias a fin de que la persona pudiera cambiar estas imágenes.

El sistema puede parecer excesivamente simple; sin embargo, los resultados han demostrado que funciona. Pongamos por caso una mujer adulta que sufre un trauma a causa de una agresión sexual durante la niñez. Lo primero que se hace durante la terapia es conseguir que la mujer vuelva a recordar con detalle la escena traumática para, a continuación, pedir que imagine dicho momento siendo su yo adulto observando a su yo niña, pero sin interponerse. Para finalizar el ejercicio, ha de imaginar otra vez la situación, pero esta vez actuará dentro de ella para salvarse a sí misma cuando era niña.

Cerrando heridas

La mayoría de las personas tenemos viejas heridas que no han terminado de cicatrizar. Y a veces se hacen más presentes para recordarnos que siguen allí, abiertas, y que deberíamos ponernos a trabajar para cerrarlas de una manera definitiva. Creemos que el tiempo lo cura todo y eso sería muy cómodo, pero no es del todo cierto. El tiempo solamente pasa, pero las viejas heridas seguirán presentes en nuestra vida a no ser que nos ocupemos de sanarlas.

Cuando estamos heridos, lo que queremos es seguir hacia delante e intentamos no pensar en lo ocurrido. Pero el dolor que sentimos no desaparecerá si cerramos los ojos. Sin recrearse en el sentimiento de culpa ni acusar a los demás, debemos reconocer que el problema es nuestro. Seguidamente debemos aceptar lo que ocurrió.

Es importante reconocer las emociones que nos produce recordar el suceso traumático. Si lo que nos provoca es rabia, intentemos controlarla; si es tristeza, hay medios para combatirla. Conocer la emoción es conocer al enemigo: identificándolo podremos destruirlo.

Tenemos que aprender a perdonar y perdonarnos a nosotros mismos, pero nunca antes de tiempo. Es muy útil escribir sobre lo sucedido, desplegar en un papel todo lo que nos enferma. No es necesario volver a releerlo, e incluso podemos destruir los escritos.

Resiliencia

Boris Cyrulnik nació en Burdeos en 1937 en una familia judía de origen ruso-polaco. Tras la invasión nazi de Francia, su familia fue deportada e internada en un campo de exterminio donde todos fueron asesinados. Él pudo escapar de la muerte con tan solo 6 años.

Concluida la guerra, fue acogido por la asistencia pública francesa, que lo ingresó en una granja-orfanato: el sitio más indicado para la creación de analfabetos, delincuentes y desarraigados. A pesar de esta situación, no se dejó llevar por las circunstancias y sus ansias de seguridad e integración le orientaron a estudiar psiquiatría, ya que necesitaba «dar un sentido a lo que era incomprensible», a lo que le había pasado a su familia. Tenía necesidad de entender el pensamiento humano, su sufrimiento y el proceso mental que lleva al hombre a cometer barbaridades. Gracias a su trabajo, consiguió transmitir a sus pacientes el gran poder de la resiliencia.

Podríamos definir este concepto como *la capacidad del ser humano para superar e incluso para salir fortalecido de una adversidad o de un trauma.* La persona que pasa por tal trance tiene que transformarse, renacer de sus propios restos calcinados y dar lugar a un «yo» diferente, con una nueva manera de ver las cosas y con nuevos objetivos.

Boris Cyrulnik es autor de un gran número de ensayos, y una de sus obras más famosa es *Los patitos feos*. Mediante esta obra defiende que *una infancia desgraciada no determina el futuro si uno tiene la sufuciente determinación como para tomar las riendas de su vida.*

En la década de los noventa, Boris Cyrulnik estuvo en Rumanía, lugar donde pudo tratar a muchos niños que habían sido hacinados en los conocidos hospicios del régimen de Ceaucescu. Niños que habían sido absolutamente abandonados, que recibían tan solo un plato de comida al día, a los que nadie les preocupaba hablarles y que soportaban condiciones higiénicas espantosas. El cerebro de esos niños había sufrido un proceso degenerativo y de atrofia especialmente grave. Por vez primera se pudo comprobar que la falta de estímulos daña el cerebro humano. Aquellos niños fueron adoptados por diferentes familias y, transcurrido tan solo un año, la atrofia cerebral había desaparecido prácticamente. El roce humano y el cariño diario habían sido suficientes.

Otro caso revelador es el estudio comparativo de lo ocurrido durante la guerra del Líbano. Beirut fue la ciudad más brutalmente bombardeada, con más víctimas civiles que cualquier otra población, mientras que Trípoli apenas sufrió ataques con bomba. Curiosamente, los estudios realizados en los niños de Beirut revelaron la existencia de menos casos de síndrome postraumático que los realizados en niños de Trípoli.

La explicación era sencilla: en una ciudad bombardeada, la población suele reaccionar con solidaridad y tiene lugar un fuerte sentimiento de protección entre los familiares, cosa que apenas se da en ciudades que no sufren un ataque bélico. Sencillamente, los niños de Trípoli sufrían el desamparo afectivo propio de nuestra sociedad.

> ### PARA COMBATIR EL PASADO
>
> Para superar las heridas del pasado hay que ser capaz de pasar página mirando hacia delante. No hay trauma tan duro que no pueda ser superado, sea una violación, haber practicado la prostitución, tener un familiar de primer grado alcohólico o abusador o un suicidio dentro de la familia.
>
> Si este trauma no se supera, puede producirse en la persona un cambio negativo que se denomina *personalidad neurótica*, que es la propia de una persona amargada, resentida, dolida y echada a perder.
>
> El trabajo fundamental es superar esas muescas del pasado y mirar hacia adelante.

El caso del arquitecto mexicano Bosco Gutiérrez Cortina

Quiero ahora referirme a una persona que he conocido en mis viajes a México y que me contó en directo lo que vivió. Merece la pena que relate los hechos. Un día, en plena calle de México D. F., alguien le cogió del brazo por detrás; él pensó que se trataba de un amigo que lo había reconocido en plena calle, pero de inmediato se dio cuenta de que se trataba de un secuestro: «Me dieron un golpe seco en la cabeza y me dejaron inconsciente; me metieron en la parte de atrás de un coche, tumbado hacia abajo. En ningún momento perdí el conocimiento. Me tiraron al suelo del coche y noté que ponían sus pies sobre mi espalda. Tenía yo 34 años y estaba en un momento especialmente bueno de mi carrera como arquitecto».

Se vio secuestrado por unos individuos que le llevaron a un lugar para él desconocido, pues viajó sin ver nada, y en unos minutos se dio cuenta de que su vida había cambiado. Al principio pensó que su familia pagaría un rescate y que en unos días regresaría a casa. Sus secuestradores le obligaron a dar una serie de datos financieros y bancarios, amenazándolo con un trato terrible o incluso con la muerte: finalmente cedió. Pasaron una serie de días en los que le parecía estar en un sueño y que pronto despertaría del mismo.

Llegó el día 16 de septiembre y sus carceleros gritaban: «¡Viva México!». Era la celebración del día de la independencia del país. Llevaba más de un mes privado de libertad y le quisieron ofrecer un premio por ser una fecha tan notable: qué le gustaría que le trajeran como comida o bebida... Pidió un whisky de una marca que a él le gustaba mucho, con unos cubitos de hielo. Cuando se lo trajeron, miró el vaso, metió sus dedos y movió los cubitos de hielo, pensando en saborear su whisky preferido. Pero en un momento pensó: no lo voy a beber, voy a renunciar a este placer y desde ahora voy a empezar una nueva vida. Vació el whisky lentamente en el agujero de la letrina del zulo, viendo cómo caía el líquido elemento. Le costó mucho esfuerzo hacer semejante acto y se dijo: empiezo desde hoy una vida nueva, quiero mejorar y crecer como persona. Y pensó: inteligencia es saber adaptarse a las circunstancias. Y de este modo pasó del enfado, rabia, indignación, bajón de ánimo, miedo y un largo etcétera de sentimientos displacenteros a ensayar un proceso de adaptación mediante los siguientes pasos:

- *Ir adaptándose a la nueva situación.* Asumir la realidad. Evitar lamentarse. No caer en la resignación, sino darle la vuelta a lo sucedido y empezar a sacarle un partido positivo a su momento actual.
- *Sobreponerse.* Frenar la pena, la tristeza, el desaliento... y descubrir el único ángulo positivo: estar vivo.
- *Recuperarse.* Saber que es el momento de ir contra la corriente. Ir fomentando en su interior un espíritu de superación fuerte, sólido, compacto, consistente..., yendo de más a menos.
- *Una persona resiliente soporta pruebas muy duras.* Séneca

decía: *substine et abstine*, soporta y resiste con fortaleza. Los acontecimientos no pueden conmigo, yo los voy a ir controlando.

Y escribió ocho ideas para mirar hacia delante:

- *Cortar la imaginación*, que es la loca de la casa. No dar vueltas a lo que te pasa.
- La inteligencia práctica es *adaptarse a las circunstancias*.
- Lo más importante es *mantener la fe*. No le discutas a Él (a Dios), sabe más que tú lo que te conviene.
- No puedes hacer nada más que *esperar pacientemente*. Esto durará lo que Dios permita.
- Aprovecha para rezar por los que quieres y *crecer en el sacrificio* y en el abandono.
- *Piensa cuánta gente sufre más que tú* en este momento. Tú estás bien aquí, no te falta nada.
- *Cada día que pasa es un día menos*. Saca propósitos prácticos para ser mejor a tu regreso y, entre tanto, tienes que mantenerte en plena forma.
- *Sé optimista*. No te desesperes y destierra los pensamientos negativos.

Después de nueve meses consiguió escapar; fue todo muy laborioso, surgió la posibilidad y lo llevó a cabo. En sus propias palabras: «Estuve 257 días de cautiverio, observando cada movimiento de los cinco guardianes y sabiendo esperar el momento, que llegó. Para mí ha sido una experiencia inolvidable en positivo, me ha ayudado a entender muchas cosas de la vida y de mi propia persona. Me ha enriquecido como nunca pude pensarlo».

TEST

1. **Imagina que tras varios años de convivencia, una noche descubres que tu pareja lleva tiempo engañándote con otra persona.**
   a. Rompo la relación y me convierto en una persona solitaria y desconfiada.
   b. Dejo atrás esa relación y con el tiempo aprendo a reconocer y controlar las emociones que me produce su recuerdo para cerrar la herida y seguir creciendo.

2. **Si sufrieses un grave accidente de tráfico...**
   a. Tardaría mucho en tiempo en volver a coger el volante.
   b. Seguiría conduciendo una vez recuperado del todo, aunque intentaría ser mucho más prudente.

3. **En el caso de padecer una situación traumática, como la muerte de un ser querido...**
   a. Alejaría cuanto antes el dolor y me esforzaría en seguir como si nada hubiese pasado para dejar atrás cuanto antes el sufrimiento.
   b. Compartiría el dolor y afrontaría los sentimientos sin negar la realidad.

4. **¿Crees que un profesional podría ayudarte a superar una vivencia traumática?**
   a. El dolor sería demasiado intenso para poderlo compartir con nadie y me aislaría para afrontarlo a solas.
   b. Cualquier apoyo (familia, amigos, terapeuta...) sería de gran ayuda para superar cuanto antes los sentimientos negativos y paralizantes.

5. **Si un amigo o familiar experimenta una situación traumática en su vida...**
   a. Me apeno por él, pero mantengo las distancias y no me implico.
   b. Acudo cuanto antes en su ayuda e intento echarle un cable en lo que pueda.

6. Si perdieses a la persona que más amas en esta vida...
   a. No podría seguir adelante. La vida ya no tendría sentido.
   b. Buscaría recursos y apoyo terapéutico, la ayuda y el amor de la familia y los amigos...
7. ¿Te consideras una persona preparada para encarar el sufrimiento propio y ajeno?
   a. En la medida de lo posible intento evitar situaciones o experiencias que puedan causarme dolor. Aunque llegado el caso no sé cómo reaccionaría.
   b. La vida ya me ha puesto a prueba en alguna ocasión y he salido más o menos airoso de la experiencia.

RESULTADOS

Por cada respuesta A, suma 2 puntos. Por cada respuesta B, suma 1 punto.

- **Menos de 8 puntos.** Eres una persona resiliente capaz de establecer una actitud vital positiva pese a experimentar circunstancias difíciles.
- **Entre 8 y 12 puntos.** La capacidad para resistir y no venirse abajo es una habilidad que puede entrenarse. No dejes de cultivar rasgos que cultivan la resiliencia, como la introspección, la iniciativa y el sentido del humor.
- **Más de 12 puntos.** Tu grado de vulnerabilidad es considerable. La vida puede ponerte a prueba en cualquier momento y convendría que trabajaras más las habilidades necesarias para potenciar los rasgos que conducen a gozar de una personalidad resiliente y capaz de enfrentarse de forma constructiva a las adversidades.

capítulo Dieciocho
Enfermos imaginarios del siglo XXI

Vivir en la hipocondría

> La gente que siempre está preocupada por su salud son como avaros que custodian un tesoro del que nunca se atreverán a disfrutar.
> LAURENCE STERNE

Pedro vino a mi consulta por primera vez con 40 años. Es el pequeño de una familia numerosa, con muchas hermanas y otro hermano mayor que él. Cuando era niño tuvo amigdalitis de repetición, debido a un estreptococo que produce una hipertrofia amigdalar y da lugar a repeticiones de estos cuadros clínicos: fiebre, dificultad para tragar... y que no tiene mayor significación. Pero él fue muy cuidado y vigilado por sus padres, siendo invitado de una forma sigilosa a explorarse mucho, a mirarse, a observarse.

Cuando viene a mi consulta me doy cuenta de que siempre tiene algo y hace descripciones de su cuerpo muy detalladas y con muchos matices. Al principio me llamaba tres veces al día y me contaba cosas como que «la deposición que he hecho hoy ha sido oscura, pero no del todo oscura, porque era entre oscura y clara, y tampoco era líquida, sino entre líquida y sólida...».

Pedro es muy sensible a cualquier comentario externo, así como a comentarios que a todos nos han hecho alguna vez por no haber dormido bien —«Tienes mala cara»—, pero a él esos comentarios le producen un gran impacto: se mira al espejo y efectivamente nota que tiene la cara más pálida, o la frente, o el *contorno general de la cara, o los ojos más hundidos, o más salidos...*

Lo primero que hago es explicarle que sufre una enfermedad llamada hipocondría, y que está registrada por la American Psychiatric Association y por la Asociación de la Psiquiatría Europea. Se considera una enfermedad mental importante porque produce una vivencia muy displacentera: la atención pormenorizada al cuerpo. Le digo que existen dos tipos: la cunmateria, es decir, alguien que tiene algo y se hipocondriza; y la sinemateria, es decir, sin detonante clínico, aunque la persona esté siempre con un archipiélago de sensaciones —cardiofobia, sidofobia, cancerfobia...—. Le puntualizo que esta enfermedad se caracteriza por la tendencia a pensar en negativo.

Pedro se casó muy tarde, pasados los 50 años, porque cuando conocía a una mujer necesitaba que comprendiera su enfermedad. Además la escrutaba: le miraba el tipo, la cara, los ojos, la trayectoria, si había salido antes con uno o dos hombres... y entonces nadie cumplía las expectativas.

Lógicamente, con el paso de los años fue bajando el nivel de exigencia en la mujer porque él no era ya una perita en dulce, sino un hombre un poco maduro (se le había caído el pelo, tenía tripa...).

Actualmente sigue en tratamiento.

La hipocondría se define hoy como el concepto *argánico* de la personalidad. Argán es el personaje central de *Le Malade imaginaire*, de Molière, y de ahí viene el concepto de personalidad argánica.

¿Qué es una personalidad *argánica*? Es un individuo que tiende a ser aprensivo. Argán se pasa el día tomándose el pulso, mirándose la lengua, estudiándose la conjuntiva ocular, viendo si tiene los pies fríos o las manos calientes. Hay una atención mayor de lo normal que lleva a la persona a preocuparse por cualquier pequeña sensación anómala que nota.

El hipocondríaco se ve forzado a escrutar distintas funciones orgánicas, como pueden ser la sensación de opresión en la tripa, molestias digestivas o en la cabeza, inestabilidad espacial..., cosas que no tienen valor alguno. Y de esta manera entra en un desfiladero de interrogantes corporales del tipo: «Mira que si resulta...».

Causas de la hipocondría

Este trastorno se puede dar a cualquier edad, pero generalmente el hipocondríaco arranca de dos puntos:

- *De un entorno hipocondríaco*. Un padre o una madre que hipocondrizan a los hijos. Progenitores que toman mucho el pulso, que hablan de enfermedades sin cesar e invitan de una forma gradual y progresiva a los parientes cercanos, hijos y familiares, a hacer una clonación.
- Hoy en día sabemos que la segunda causa son los llamados *factores yatrógenos de los médicos*. Yatrógeno, en medicina, significa *actividad negativa del médico que pone a su paciente a dudar*. Por ejemplo, cuando alguien se ha hecho unos análisis de sangre y el médico, con la persona delante, los va mirando y dice: «Aquí hay algo que no me acaba de convencer...», «No sé si esto podría ser...». Ese lenguaje incierto, difuso y etéreo provoca en el otro una gran incertidumbre y, si esa persona tiene o ha tenido alguna afección, piensa que «podría ser...». De manera que el lenguaje clínico pasa al lenguaje del paciente, y algo que no tendría que conocer una persona de la calle la invita a hacer un seguimiento.

En resumen, la hipocondría arranca por una parte de las familias hipocondríacas, donde se cultiva esa vocación, o bien por errores médicos de informaciones no favorables. La hipocondría es mala compañera de viaje porque quien la sufre siempre está pensando en lo peor. Es la tendencia a interpretar síntomas somáticos de forma dramática.

SEIS CONSEJOS CONTRA LA HIPOCONDRÍA

- Distingue si eres hipocondríaco por contagio familiar o no.
- Asume que es una enfermedad con tratamiento.
- Evita hablar de médicos, de medicinas, de enfermedades, así como leer prospectos de los medicamentos o buscar en Internet cosas relacionadas con los síntomas que notas.
- Lucha contra viento y marea por no estar pendiente de las molestias corporales, ya que eso te lleva a no despegarte de una atención corporal que es dañina para ti. La voluntad es clave. Y también estar distraído cuando estás fuera de tu trabajo.
- Ve a pocos médicos. Los justos. Y evita ir a urgencias de un hospital o dispensario, pues esos médicos o facultativos de guardia —que no te conocen— te pueden perjudicar con observaciones, comentarios y exploraciones por si acaso...
- Busca un buen psiquiatra o psicólogo que te ayude a ir saliendo de la hipocondría.

TEST

1. **Cuando un amigo o familiar cae enfermo y permanece ingresado en el hospital...**
    a. Preguntas por el número de habitación y acudes a verlo enseguida.
    b. Esperas unos días y finalmente lo llamas al móvil para decirle que se recupere pronto y que ya irás a verlo cuando vuelva a casa.

2. **Tu botiquín doméstico...**
    a. Contiene los medicamentos y utensilios básicos: aspirinas, tiritas, alcohol, algún antitérmico, jarabes...
    b. Está repleto de medicamentos por si acaso los necesito en algún momento.

3. **Cuando te sientes indispuesto...**
    a. Espero a ver cómo evoluciono y solo voy al médico si es realmente necesario.
    b. Acudo a urgencias.

4. **Cuando estás resfriado...**
    a. Intento hacer vida normal si la fiebre me lo permite.
    b. Reduzco mi actividad considerablemente y si tengo fiebre pido la baja laboral.

5. **Cuando sientes una molestia física...**
    a. Apenas le presto atención si no es muy acusada o me provoca excesivo dolor.
    b. Empiezo a darle vueltas a la cabeza, me preocupo, busco información en Internet...

6. **¿Acostumbras a automedicarte?**
    a. Solo cuando estoy resfriado o me duele la cabeza.
    b. Con frecuencia.

7. **Tras ver en televisión un reportaje sobre los peligros del colesterol...**
    a. Analizo mi dieta e intento reducir el consumo de alimentos grasos.
    b. Llamo al centro médico y pido hora para hacerme una analítica completa.

RESULTADOS

Por cada respuesta A, suma 2 puntos. Por cada respuesta B, suma 1 punto.

- **Menos de 8 puntos.** Seguramente nunca has padecido una enfermedad grave, pero vives pendiente de esa posibilidad. Deja de pensar en lo peor y enfoca la vida de forma más positiva y «saludable».
- **Entre 8 y 12 puntos.** A nadie le gusta estar enfermo, pero estás más atento de lo normal a los síntomas que pueden anunciar ciertas patologías. Te gusta estar bien informado y a veces tiendes a exagerar las consecuencias de un simple dolor de cabeza o una ligera indisposición intestinal.
- **Más de 12 puntos.** Nunca imaginas enfermedades y evitas ir al médico si no es estrictamente necesario. Está bien ese enfoque positivo y nada hipocondríaco, pero no estaría de más que de vez en cuando te hicieras un buen chequeo.

APÉNDICE

La autoestima en la madurez

La madurez se considera que empieza en torno a los 25 años. Coincide con el final de la época de estudios, cuando una persona se asienta profesionalmente, aunque hoy en día se ha retrasado la madurez.

El primer objetivo que tiene un joven cuando llega a la madurez es un *proyecto de trabajo*, mientras que el *proyecto afectivo* se queda en segundo lugar. Esto pasa porque el mundo afectivo se ha convertido en un mundo lúdico.

Por otra parte, el mundo de las estadísticas nos informa de que las parejas se rompen con mucha facilidad debido a su gran fragilidad sentimental. Todo esto tiene una repercusión muy negativa en los jóvenes. Así pues, en la primera madurez, que llega hasta aproximadamente los 35 años, el proyecto principal es el profesional.

En la primera etapa de la madurez es común que aparezca:

- El *síndrome del pánico al compromiso*. Los chicos jóvenes se quedan en casa de sus padres hasta los treinta y tantos.
- El *síndrome de Simón* (lo hemos visto en uno de los capítulos) es el del soltero, inmaduro, narcisista y obsesionado por el trabajo. Eso no sucede tanto con la mujer, pues nor-

malmente ella quiere ser madre. El concepto de paternidad no existe como concepto psicológico. Si un hombre no es padre no le pasa nada. En cambio, una mujer que desee ser madre y no lo sea sentirá una limitación.

El proyecto afectivo

Este llega a continuación del profesional, y existe una diferencia entre el sentido que le dan los hombres y las mujeres. El amor es una palabra mágica que tiene muchos matices.

El hombre se enamora fundamentalmente por la vista y la mujer por el oído. En el hombre, la importancia de la belleza es muy potente, tanto en la totalidad de la cara como en el cuerpo, que se lleva una parte muy importante. Enamorarse es hacer una mitología privada con alguien, el deseo de hacer eterno lo pasajero.

Donde más se retrata el ser humano es en la versión afectiva. La persona que ha escogido es una tarjeta de visita. Luego hay muchos aspectos y matices. Hay cuatro condiciones para que una persona se enamore sólidamente (sobre todo hoy en día, cuando este hecho se ha retrasado):

- La primera condición es la *admiración por el otro*. Es el reconocimiento de que esa persona vale por su trayectoria.
- La *atracción*, que tiene dos características: la *física* y la *psicológica*. La mujer está mejor dotada para la segunda, pues es más fina captando las características psicológicas de los demás.
- La *necesidad de compartir*. Es como un imán que lleva a la necesidad de salir, hacer planes compartidos, hablar de muchas cosas e irse descubriendo cada uno. Esa es una etapa preciosa, llena de sugerencias, cuyo recorrido debe hacerse sin prisa, saboreando cada uno de sus segmentos.

- Y *tenerla en la mente*. Esa persona asoma, emerge, salta y se mueve una y otra vez por los escenarios mentales, está ahí. Pensar mucho en una persona es señal cierta de que uno se está enamorando de alguien. Esto es de una rotundidad enorme en los jóvenes y se da de la misma manera en los adultos, aunque con menos intensidad.

Stendhal, padre del pensamiento romántico, escribió una *teoría del amor* en la que habla del enamoramiento como *cristalización*. Dice lo siguiente: «Si vas a las minas y arrojas una ramita, a los pocos días verás que se le han clavado unos cristales». Enamorarse es como la cristalización: esos cristales que se han clavado en la estructura de esa ramita... es la tendencia a idealizar al otro. Añades a su personalidad características que no tiene. *Enamorarse es crear una mitología privada con alguien*. Lo diría de una forma más rotunda: *enamorarse es necesitar a una persona*.

Ortega, en su libro *Estudios sobre el amor*, dice que enamorarse es un trastorno de la atención, ya que esta se concentra en una sola dirección. A eso se le llama tener hipotecada la cabeza.

Alberoni, en su libro *Enamoramiento y Amor*, dice que cuando sucede el enamoramiento este se parece mucho a una especie de deslumbramiento, con dos focos de atención: uno donde se disuelven las heridas del pasado y otro que mira al futuro de forma positiva. Esas dos dimensiones temporales cambian: se cierran reveses del pasado, con todo lo que eso va a significar, y la persona se desplaza hacia el futuro[1].

El enamoramiento se puede estudiar como si fuera una enfer-

---

1. La felicidad está siempre en la promesa de un futuro mejor. *Si la felicidad consiste en ilusión, la infelicidad estriba en no tener objetivos*. El amor auténtico hace más humano al hombre. Y no olvidemos: la mujer suaviza al hombre, lo hace más afectivo.

medad y, como tal, en medicina hay dos síntomas: el primero es la falsa sensación de que el tiempo vuela y pensar mucho en la otra persona. Cervantes decía de Dulcinea del Toboso que era *la dama de sus pensamientos*. Otro síntoma fundamental en el enamoramiento sería decirle a la otra persona: *no entiendo la vida sin ti*, o dicho de otro modo: *no entiendo la vida sin que tú formes parte fundamental de mi proyecto personal*. Mi proyecto tiene en ti un elemento esencial[2].

Actualmente se produce en la sociedad algo muy curioso, que es la *exaltación del emotivismo*, un consumo de emociones afectivas sin fondo ni estructura. Y esto se desliza hacia un cierto consumo de contacto físico sin más. Son los tiempos que corren, pero produce una superficialidad muy alta en las personas que siguen esas directrices.

Enfrente está la solidez granítica de una conducta coherente. El texto clásico lo expresa así: *Fundata enim erat supra petram*, «el edificio no se derrumbó porque estaba construido sobre piedra». Hoy día se construye con frecuencia sobre material de derribo. Todo es endeble, frágil, liviano, sin consistencia. Nunca había habido tanta información sobre la afectividad, sin embargo la gente anda más perdida que nunca. En mi consulta veo gente con grandes desamores que me hablan de San Valentín como una fecha que quieren que pase rápidamente porque han idealizado la palabra *amor* como algo mágico, maravilloso, sublime, sin darse cuenta de que *el amor* es un *sentimiento que hay que trabajar con esmero de artesano*, con dedicación cualtitavia; si no, se deteriora y vienen después cascadas de desencantos y frustraciones.

---

2. Remito aquí a dos textos míos que ahondan en esta materia: *El amor inteligente*, por un lado, y *Remedios para el desamor*, por otro (ambos están publicados en esta editorial: Temas de Hoy, Madrid, 2008 y 2007, respectivamente, en ediciones corregidas y aumentadas).

Amistad y cultura

En la madurez el *concepto de la amistad* sigue siendo muy importante, pues después de la adolescencia adquiere visos más consistentes. Los amigos se escogen y se sabe a menudo de ellos.

Es también época de la conjunción de las creencias, una etapa de la formación de la personalidad consolidada. Son tantísimas las cosas de las que nos informan que para llegar a hacer la síntesis hay que tener criterio.

La amistad es un sentimiento positivo entre dos personas que se inicia a través de una simpatía y estimación mutua. Uno descubre a una persona con la que inicialmente hay *afinidad*: ideas, criterios y orientaciones de la vida parecidas y con la que se inicia un puente de comunicación fluido, en el que uno se siente bien y la sintonía se produce pronto. Después viene el *irse conociendo poco a poco*: ambos se abren y cuenta cosas personales de más superficie al principio y de cierta profundidad después. Es como una travesía que recorren juntos y que da lugar a *un trato* que apunta gradualmente hacia la *confidencia*: el otro va entrando en los pasadizos de la ciudadela interior y se cuela por los entresijos de nuestra historia y le enseñamos lo que nos ha ido sucediendo con ella. Mas tarde, viene a todo esto la *donación*. Estos son los pasos, por tanto: *afinidad, trato, confidencia, donación*. Se van agregando poco a poco: la *simpatía* y el *respeto*. La amistad es una forma de amor sin sexualidad.

Otro factor más tardío y complicado es la *cultura*. Como el envoltorio de un regalo, puede no parecer importante, pero es la estética del conocimiento y la libertad, y eso tiene un valor. A medida que una persona adquiere más nivel, aspira más a la cultura. Se incrementa su curiosidad por aprender, conocer y saber más cosas. *La cultura es la estética de la inteligencia.* O dicho de otro modo: *convertir cualquier cosa que uno hace en una pirueta inteligente*. Por eso *la cultura es libertad*. Lo he dicho en las páginas que anteceden y en las siguientes: *la cultura empieza por la lectura*; esa es una de sus principales puertas de entrada.

Una problemática de la madurez: la mujer con crisis de ansiedad

Me visita una chica de 30 años, Miriam, casada y con un hijo de dos años. Ha tenido varias crisis de ansiedad en distintos contextos. La primera en el metro, la segunda en unos grandes almacenes y la tercera viajando en coche con su marido.

En la ansiedad distinguimos dos modalidades: la generalizada, que es la ansiedad flotante que consiste en un estado nervioso con manifestaciones somáticas, como temblor de manos, sudoración, inquietud en las piernas, sensación de falta de aire, etc., y la segunda modalidad llamada *panic attacks* o crisis de ansiedad, que son episodios entrecortados de breve duración que se viven como una tormenta. Los síntomas son los mismos que los de la ansiedad generalizada, pero aparecen además el temor a la muerte, a perder el control y a volverse loco.

Son reacciones que producen un miedo anticipatorio.

La crisis de esta joven la tuvo estando sentada en el metro. Empieza con una sensación gástrica en la barriga, con miedo a tener una deposición líquida, junto con una sensación de opresión en el pecho. Le aprieta el cinturón y tiene sensación de mareo. Cree que no puede respirar. Regresa a casa y este episodio se convierte en fóbico, pues ya no quiere coger el metro.

Allí donde se produce la crisis de ansiedad se convierte en un lugar de temor que gradualmente se convierte en fobia y al que no se quiere regresar.

El segundo episodio ocurre en unos grandes almacenes con mucha gente, en plena época navideña. Hay mucha gente y hace calor. Miriam cree que se va a morir, ya que no puede respirar. En un análisis que le hacen posteriormente, no encuentran nada, aunque la chica creía haber tenido un infarto. En esta segunda crisis aparecen dos fobias: a los espacios cerrados (claustrofobia) y a los espacios con mucha gente (antropofobia).

En la consulta me comenta, preocupada, que su vida se está limitando, pues se da cuenta de que existen varias cosas que no se atreve a hacer sola.

El tercer episodio la asalta yendo en coche un fin de semana, mientras están atascados para salir de la ciudad. Empieza a sentir los síntomas y acaba teniendo una crisis. A raíz de eso elabora otras dos fobias: una por la que no puede ir en coche y otra por la que no puede salir cuando lo hace todo el mundo, pues hay demasiado tráfico.

Miriam, además, está por debajo del peso recomendado.

Le administramos un ansiolítico juntamente con un medicamento de acción rápida que frena una posible crisis de ansiedad. También la educo con una terapia cognitiva, que consiste en mandarse una mensajería privada en el momento en que note que puede tener otra crisis. Consiste en decirse: «No te preocupes, no pasa nada, esto no tiene valor clínico, etc.». También le enseño a no temer anticipatoriamente una situación cuando tenga que asistir a alguno de los lugares donde puede padecer crisis. Asimismo, le enseño a respirar bien para poder relajarse.

Me doy cuenta también de que la chica se está volviendo un poco hipocondríaca. Tiene la tendencia a observarse mucho y a sacar conclusiones negativas, creyendo que tiene enfermedades que no padece en absoluto. Le explico que la hipocondría es una actitud que puede desencadenar reacciones desproporcionadas y psicosomáticas.

Después de una gran mejoría, queda superar las fobias que ha ido desarrollando durante este tiempo. Para vencer el miedo a ir en metro, la llevamos a una estación con la idea de que lo coja sola, con una serie de instrucciones a seguir en caso de crisis, y la esperamos dos paradas más allá. La siguiente operación ha sido grabarle un mensaje con las frases que queremos que repita mientras va en coche con su marido.

Hoy en día ha aprendido a controlarse y sigue con una pequeña dosis de ansiolíticos como medicación de mantenimiento.

CUARTA PARTE
EL TRABAJO Y LA VIDA

| capítulo Diecinueve | Una curva de mejora como horca |

Perfeccionismo excesivo y paralizador

> *Haz las cosas bien, con seriedad y rigor profesional, pero huye del perfeccionismo.*
> ENRIQUE ROJAS

Julia es economista y licenciada en Derecho. Se examinó de oposiciones para registrador de la propiedad, pero suspendió y entró a trabajar en un bufete de Madrid. Tiene 30 años y es una persona perfeccionista y obsesiva. Según ella, tiene un «amor desordenado por el orden».

Acude a mi consulta porque está muy angustiada. Tuvo una relación sentimental que duró dos años, y ahora está con una nueva pareja con quien lleva prácticamente un año. Ella observa a su pareja con microscopio electrónico y hace con él como con su habitación —tiene los libros por tamaños, ordena la ropa según colores...—, intenta ordenarlo todo. Se fija tanto en él que está obsesionada: ¿será el adecuado?, ¿me engañará?, ¿cuánto durará...?

Lo primero que hago es explicarle que padece una enfermedad llamada personalidad obsesivo-perfeccionista, a la que los franceses llamaban la folie de la doute y los ingleses illness of doubt[1].

---

1. Es la *enfermedad de la duda*. La psiquiatría del siglo XX, de corte francés y alemán, estudió esta patología. No es una duda cualquiera, sino enfermiza, paralizante, obsesiva, seria. Es una incapacidad funcional para captar la realidad con

Por ese motivo para ella todo son dudas y su relación, a pesar de ser buena, está cargada de tensiones.

Después de unas semanas, regresa a la consulta totalmente hundida. Él la ha dejado y le ha dicho que está muy cansado, que no le compensa seguir con ella porque permanentemente le está preguntando cosas sobre el futuro, le explora —no por celos, sino porque ella no está segura—, y él no está preparado para una relación así. Julia me explica entre lágrimas que su pareja anterior la dejó por el mismo motivo y no deja de repetir: «¿Qué hago? ¡Tengo incapacidad para amar!».

Le explico que una de las cosas más importantes en una relación afectiva es no tener demasiadas expectativas, porque cuando esperas mucho de una relación te equivocas. Una relación hay que trabajarla, y las cosas no llegan porque sí, sino por la labor artesanal que se hace con el otro.

Ella no escucha porque está en estado de shock y con ganas de morirse. Ha dejado de trabajar durante unos días, pero yo no quiero darle la baja porque necesita estar ocupada para no pensar en él.

Desde que vino por primera vez a la consulta, está leyendo libros sobre el perfeccionismo y la personalidad obsesiva, y se ve muy retratada. Me pregunta: «¿Qué diferencia hay entre el orden sano y el enfermizo?».

---

nitidez lo que aprisiona a esta persona, que se ve envuelta en unas inseguridades agobiantes.

Falret y Legrand la estudiaron como fenómeno específico. Y Pierre Janet la situó como embrión del pensamiento obsesivo. Emmelkamp la definió como la necesidad imperiosa de aplazar cualquier decisión, por mejorar la información que se tiene sobre el tema en cuestión. Y Green clasificó el inventario de dudas de forma precisa.

Remito al lector interesado a los siguientes libros, en los que puede saciar su sed: Julio Vallejo Ruiloba, *Estados obsesivos*, Barcelona, 2006; J. A. Yaryura-Tobias y F. A. Neziroglu: *Obsessive-Compulsive Disorders: Pathogenesis, Diagnosis, and Treatment*, Harcourt Brace, Boston, Tokio, 2007.

Le digo que el orden sano está a tu servicio: «¿Dónde tengo el libro tal o aquella blusa? ¡Allí está!». En cambio, en el orden patológico, yo estoy al servicio del orden. Si veo algo fuera de su lugar, o mal puesto, sufro por ello.

Le explico que este es un tema serio, pero que tiene arreglo, y podemos tratarlo con una serie de unas pautas para vivir de forma más suelta. Ella tiene un fondo anancástico —que viene del griego, de pegajoso, de estas personas que no se distancian de las cosas— que necesita tratar.

Le doy una serie de pautas:

- *Que vuelva al trabajo para no pensar tanto en él.*
- *Que comprenda que esa relación ya estaba herida y era mejor cerrarla.*
- *Que aprenda a ser menos obsesiva, a darle menos vueltas a las cosas, a ser más tolerante con el otro. No puede buscar un hombre que sea perfecto porque es una aspiración vana e inútil, sino que busque a alguien que la llene.*
- *Que haga el ejercicio de dejar un cajón desordenado, una servilleta o un pañuelo tirado en la mesa... Conductas sencillas con las cuales entiende que la vida tiene un fondo de desorden, y no es un drama.*

Veo que va cambiando lentamente: pasa a ser menos obsesiva y más positiva, evita la regularidad en que las cosas han de estar en su lugar y tolera un cierto desorden. Presenta una gran mejoría, sobre todo por la aceptación.

Ahora Julia está mucho más tranquila. Sigue una técnica cognitiva para echar a su «ex» de su cabeza. Cada vez que le viene algún pensamiento, ella repite una serie de frases: «Esta relación no tenía futuro», «No te preocupes porque llegará otro», «Acepta la realidad, eso es madurez», «El hombre de tu vida está por llegar»...

Yo siempre digo que en el *Vademécum* de medicinas —ese volumen donde vienen referenciados todos los medicamentos— falta uno: la figura del médico. Porque el médico cura con su presencia, su escucha, sus acciones y sus palabras. Con la misma actitud y explicación ya te deja tranquilo.

Casi todos mis pacientes tienen una libreta[2] donde apuntan sus sentimientos, los ejercicios que les mando hacer, así como los resultados de los mismos. A Julia solo le di un leve ansiolítico, un llamado «medicamento diana» —diana porque va a un tema en concreto: en este caso la ansiedad—, porque lo demás era algo contra lo que tenía que luchar ella.

Después le recomendé biblioterapia, la primera lectura fue *Dime quién soy,* de Julia Navarro. Al principio ella era reticente a leer, pero le dije que hiciera un esfuerzo y al volver me dijo que el libro había sido una gran terapia porque se había metido en la vida de esa persona y «en lugar de pensar en él, pienso en el libro».

EL MONJE Y LA PERFECCIÓN

Los monjes son muy metódicos cuando lavan las cosas y hacen cada día las mismas cosas.

Se cuenta que en un templo zen había un monje que era el encargado de barrer las hojas del patio del templo, pero cuando terminaba su tarea tomaba una hoja y la dejaba caer en el patio.

---

2. Le suelo dar diferentes nombres: *libreta de pautas de conducta* (en donde van quedando recogidas las sugerencias e indicaciones para mejorar algo concreto de la propia conducta, dictado por mí o por alguno de mi equipo, a mis pacientes), *libreta de observaciones psicológicas* o *libreta de psicoterapia* o bien *libreta de progresos psicológicos.*

La psicoterapia es esencial en un porcentaje muy alto de nuestros pacientes. Muchos psiquiatras no la hacen por falta de tiempo, por su laboriosidad o por el hábito de practicar solo la farmacoterapia. *La calidad de la psicoterapia retrata el estilo del psicólogo o del psiquiatra.*

> «¿Por qué haces tal cosa?», preguntó uno de los monjes más jóvenes. «Así no he de preocuparme de que haya quedado perfecto», respondió con una sonrisa.
>
> Si dejas algo que rompe la aparente perfección, no te preocupas más por ella.

La curva perfecta

El perfeccionismo obsesivo tiene su caldo de cultivo durante la infancia. Una educación excesivamente severa y exigente puede provocar que una persona se vuelva perfeccionista de forma patológica.

Un individuo aquejado de este trastorno puede resultar incapaz de realizar cualquier acto sin antes proponerse hacerlo a la perfección. Así, cualquier decisión aparentemente anodina puede complicarse hasta lo indecible. El día a día de una persona con semejantes ansias de idoneabilidad puede resultar infernal para ella y para los que la rodean.

El perfeccionismo excesivo afecta muy negativamente la efectividad, ya que querer pulir hasta el más mínimo detalle acaba devorando más tiempo y energía para conseguir cualquier resultado.

La duda de si hemos concluido bien o no un proyecto, y esto repetido en todo lo que hacemos al día, es una grave falta de confianza en uno mismo, y el miedo a la crítica crea la obsesión.

Llega un momento en que cualquier cosa que queramos llevar a cabo no podrá ser mejorada, y a partir de ahí la curva de la mejora desciende ostensiblemente. Hay que saber dar por terminado cualquier objetivo que nos esforcemos a llevar a cabo.

Es necesario aceptar que somos seres humanos y cometemos errores, porque es a partir de ellos donde aprendemos y nos perfeccionaremos.

LAS SIETE CLAVES DE LA EXCELENCIA

Stephen Covey (1932-2012) fue el autor de *Los siete hábitos de las personas altamente efectivas*, donde asegura que cualquier persona puede mejorar en todos los sentidos sin ser obsesivamente perfeccionista, tan solo tiene que cambiar de hábitos. Estos son:

- *Ser proactivo*. Uno tiene que tomar las decisiones según su criterio, ideales y conciencia, no por agentes coyunturales. De esta manera seremos libres e independientes.
- *Tener claro el objetivo*. Stephen Covey consideraba que las cosas se creaban dos veces. Si vamos a construir cualquier cosa, sea lo que sea, primero hay que elaborar un croquis o un plano (primera creación) y después ponerse manos a la obra físicamente (segunda creación). De esta manera tendremos muy claro cuál es el objetivo a realizar.
- *Conocer cuáles son las prioridades*. En el día a día es imprescindible saber cuáles son los objetivos a alcanzar, cuáles son urgentes. Saberse administrar es básico.
- *Empezar por las victorias privadas*, porque son las que nos llevarán a conseguir las victorias públicas. Hay que pensar en el bien común para poder pensar en el bien personal.
- *Primero hay que entender para más tarde poder ser entendido*. La comunicación es imprescindible y el respeto por los demás tiene que ser recíproco.
- *Utilizar la sinergia*. Dos personas o tres, trabajando por separado para conseguir el mismo objetivo, no serán tan efectivas como si colaboran en equipo para lograr la misma meta. Hay que trabajar en equipo y, si es necesario, saber delegar.
- *«Afilar la sierra»*. Es importante saber renovarse y mejorar constantemente, estar al día. Evitar el abandono, la desidia o la dejadez.

El don de la imperfección

Brené Brown ha escrito varios libros donde reivindica tanto la vulnerabilidad como la imperfección como dones, no como defectos o castigos.

Esta autora y conferenciante considera que las personas, al mismo tiempo que tienen miedos y que son vulnerables e imperfectas, también pueden ser valientes en ocasiones y tienen todo el derecho a la dignidad.

Según Brown, las personas tienen como objetivo la conexión, a la que solo se llega a través de la autenticidad. Las personas que son auténticas tienen capacidad de contacto porque han renunciado a lo que en teoría «debían» ser para descubrir lo que realmente son.

Estas personas aceptan el hecho de ser vulnerables e imperfectas y ello les da una gran capacidad de empatía, ya que si aceptan sus propias limitaciones, lógicamente aceptarán las de los demás. La vulnerabilidad y la inseguridad son parte de la vida. El futuro siempre es incierto, nunca podremos estar lo suficientemente preparados para afrontar el destino que se nos avecina cada mañana al despertarnos.

Tenemos derecho a considerarnos imperfectos, a fallar y cometer errores, porque ello ya es en sí un acto de valentía. Estas son personas que, incluso considerándose imperfectas, luchan por mejorar[3] y se arriesgan en proyectos de los que desconocen si van a funcionar o no.

Tal como dice la misma Brené Brown: «¿Sabes?, eres imperfecto, naciste para luchar, pero eres digno de amor y de pertenencia».

---

3. Una persona madura conoce mejor sus limitaciones que sus posibilidades.

TRES CONSEJOS CONTRA EL PERFECCIONISMO

- *Dale al orden su justa medida.* El perfeccionismo es una forma extremista de ver las cosas. El orden es importante, pero ha de estar a nuestro servicio, no al revés. El perfeccionista pierde la libertad frente a los objetos.
- *Actúa con agilidad.* Es muy típica en los perfeccionistas una conducta parsimoniosa, lenta, porque esa persona necesita hacerlo todo con una gran meticulosidad.
- *Date permiso para ser imperfecto.* Es necesario aceptar que cualquier vida tiene un fondo de imperfección, y aceptarlo es salud mental.

TEST

1. **Si la casa está desordenada y sucia...**
   a. Me pongo de mal humor y, aunque sea tarde o no me apetezca, hago una limpieza general.
   b. Arreglo lo indispensable y espero a tener más tiempo para ocuparme del todo.

2. **Después de terminar un largo trabajo...**
   a. Nunca acabo de estar satisfecho y me fijo especialmente en lo que podría haber salido mejor.
   b. Celebro el esfuerzo y tengo la sensación de haberme quitado un gran peso de encima.

3. **¿Tienes puntos débiles o flaquezas?**
   a. Como todo el mundo, supongo. Pero evito mostrarlos a mis amigos o familiares.
   b. ¡Claro que sí! Pero intento compartirlos con la gente que me importa para que me ayuden a mejorarlos o superarlos.

4. **Si por falta de tiempo o suficiente capacidad sabes que no puedes hacer algo bien...**
   a. Prefiero no intentarlo antes que hacerlo mal.
   b. Me esfuerzo el doble o pido ayuda para conseguirlo.

5. **Los cambios imprevistos...**
   a. Me ponen de los nervios porque me gusta tenerlo todo bajo control.
   b. Son parte de la vida e intento adaptarme a ellos lo mejor posible.

6. **¿Tardas en entregar un trabajo porque te cuesta mucho decidir cuándo está terminado?**
   a. A menudo.
   b. No acostumbro a hacerlo. Creo que más adelante ya tendré tiempo de revisarlo o rehacerlo.

7. **¿Eres muy exigente con los demás?**
   a. Bastante. Por ejemplo, en el trabajo no soporto a la gente desordenada.
   b. Cada uno es como es.

RESULTADOS

Por cada respuesta A, suma 2 puntos. Por cada respuesta B, suma 1 punto.

- **Menos de 8 puntos.** La perfección no te obsesiona. Confías plenamente en tus posibilidades y sabes dar por terminado cualquier objetivo que te hayas esforzado en sacar adelante.
- **Entre 8 y 12 puntos.** En el fondo sabes dónde están tus limitaciones, pero en determinadas ocasiones lo olvidas y te exiges más de lo que puedes dar. Eso te hace sentir mal y no te lleva a ninguna parte, así que lo mejor es que empieces a bajar tus expectativas, aprendas a valorar tu esfuerzo y aceptes que eres una persona imperfecta (como todos).
- **Más de 12 puntos.** Recuerda que nunca alcanzarás la perfección. Como seres humanos cometemos errores y gracias a cada tropiezo aprendes un poco más. Así que baja tu nivel de autoexigencia y permítete equivocarte de vez en cuando para descubrir quién eres realmente detrás de ese disfraz de perfección que te has impuesto.

capítulo
Veinte | La rigidez nos hace frágiles

Cosas que no salen según nuestro gusto

> *Es preferible calzarse unos mocasines*
> *que alfombrar la Tierra entera.*
> PROVERBIO INDIO

Luis es un niño de 13 años que hace poco ha regresado a España tras pasar dos años en un colegio de Inglaterra. Físicamente, Luis es alto para su edad, delgado y habla con mucho rigor.

La primera vez que escuché hablar de él fue cuando sus padres me visitaron para explicarme el caso de su hijo. Me dijeron era muy rígido en sus ideas. Quería ser el número uno, pues para él triunfar en la vida era tener dinero, un coche muy bueno, estar a la última en tecnología y tener marcas de ropa de primer nivel... De hecho, todo lo que le compran los padres son cosas de tiendas muy caras, porque él no quiere nada de rebajas. «Este hijo mío es un monstruo», dijo su madre.

Luis tiene dos hermanos y muestra un comportamiento despreciativo hacia los demás, tanto hacia sus compañeros como hacia sus hermanos —dice que uno es tonto y el otro muy perezoso—. También habla mal de sus padres. Por ejemplo, dice que la madre solo es ama de casa.

Explico a los padres que su hijo sufre un trastorno de la personalidad: personalidad obsesiva.

El primer día que veo a Luis, este no sabe que venía a la consulta. Desde su rigidez, lo primero que hace es criticar, porque le hacemos esperar media hora. Mira el reloj y dice que tiene que preparar unos exámenes; se muestra muy demandante. Cuando hablamos, le dejo que explique para que se pueda relajar.

Al segundo día le doy una libreta donde le hago apuntar una serie de pautas. Pero antes de que las ponga en práctica, le explico en qué consiste su trastorno, un desorden por exceso: rígido, milimétrico, muy duro, poco afectivo... A lo que él me responde: «Yo no lo veo como algo malo. Lo que quiero es ganar mucho dinero y pasarlo bien».

Luis estudia en un colegio religioso, pero él no cree en Dios, porque dice: «¿Cómo va a existir Dios si tantas cosas van mal?». Él asegura que «Dios está dormido». Cree que hay algo, pero que lo importante en la vida es triunfar y disfrutar mucho.

En clase, Luis nota que los compañeros le hacen el vacío porque lo ven como un niño litri, un niño que siempre va de líder, el más listo, el más guapo... Y se mofan de él.

Hablamos sobre el desprecio hacia su madre, y él me dice que su madre no es inteligente y que le da mucha pena tener una madre que no sea lista. Dice que no es culta porque no lee y ve mucha televisión. A él le cuesta aceptar esto, así que una de las pautas que le pongo es tener todos los días un detalle positivo con su madre. «¿Como cuál?», me pregunta. Le pongo una serie de ejemplos: darle un beso al llegar, saludarla, dar las gracias por su trabajo... Y él dice que no le sale así porque no lo siente, que su madre tendría que dar un giro para que él la aceptara. Es muy duro y crítico.

Después de poner en práctica las primeras pautas, el padre nota que ha mejorado porque desprecia menos a los hermanos.

Hablo con Luis y le explico que ese desprecio sistemático es una falta de calidad humana y que él es muy materialista. Me responde que la sociedad lo ha hecho así, que él quiere llegar a ser un gran magnate, un gran triunfador. En todo momento se muestra muy racionalista, sin muestras afectivas.

Luis presenta una gran manía a los ruidos, es rígido con los horarios, milimétrico, y hace la convivencia muy difícil, hecho que lo destroza porque él se ve perfecto.
La terapia en un chico de esta edad es argumental. Hay que explicarle las cosas de manera que lo sorprendan. Él ha aceptado que sufre un trastorno y que produce una gran tristeza en la familia.

Hay un conocido chiste que explica muy bien en qué consiste la rigidez. Es el de un conductor que va en una autopista en sentido equivocado y, al poner la radio, oye el aviso de que un coche está yendo peligrosamente en contradirección. Este conductor exclama entonces: «¿Uno? ¡Todos!».

Veamos algunos de los síntomas de la rigidez psicológica. Si observamos que la mayoría de los síntomas nos «retratan», deberíamos a empezar a pensar en suavizar nuestra actitud e intentar ser más flexibles.

- Si las cosas no salen como había planeado, aunque no sea algo realmente importante, me altero.
- Si dejo las cosas ordenadas de una manera y luego me encuentro que alguien no las ha dejado como yo lo hice, me molesta.
- Necesito estar en un ambiente de limpieza y orden.
- Soy cuidadoso con mis cosas. Me gusta tenerlas en su sitio y a salvo.
- Los cambios me inquietan. Los cambios de domicilio, trabajo, ambiente... me hacen sentir incómodo.
- No me gusta dejar nada a medias.
- Intento no tirar nada. No me importa acumular cosas, ya que tal vez algún día las necesite.
- Antes de ir a comprar siempre hago la lista. De hecho, hago listas de todos mis quehaceres.

- Soy muy cuidadoso con mis obligaciones y concienzudo en mi trabajo.
- No soporto que la gente se aproveche de mí.

TRUCOS PARA ENTRENAR NUESTRA FLEXIBILIDAD MENTAL

Uno de los síntomas de la mayoría de los trastornos psicológicos es la rigidez de las ideas en las personas. Sin embargo, los que no sufrimos de ningún trastorno no nos libramos de tener más o menos rigidez en nuestras propias ideas.

- Jenny Moix, en su libro *Felicidad flexible,* nos descubre la ridiculez de defender según qué condiciones a bayoneta calada. Para demostrarlo, Moix nos ofrece en un artículo escrito en el periódico español *El País* cinco claves sobre nuestros esquemas mentales.
- *Relativos*: todo es relativo según la cultura, la edad o el periodo histórico.
- *Blanco o negro*: las personas tienden a simplificarlo todo eliminando los matices, y lo mejor que podemos hacer es tenerlos en cuenta.
- *Limitados*: nuestro conocimiento es tremendamente limitado, de la misma manera que solo utilizamos una parte de nuestro cerebro. Sabiendo que nos queda tanto por aprender, es absurdo sentenciar o creerse con la razón suprema.
- *Invisibles*: las personas tienen un hueco existencial dentro de sí mismas y creen que la respuesta está en el futuro. De hecho, las creencias son invisibles al ser compartidas por casi toda nuestra sociedad.
- *Blindadas*: solemos pensar siempre que los testarudos son los demás y no vemos nuestros propios errores, creyendo que estos son ajenos.

Fluir con el tao

Lou Marinoff es un conocido filósofo canadiense que llegó a la fama gracias a su libro *Más Platón y menos Prozac*. A raíz de la presentación en Barcelona de su otra obra, *El poder del tao*, concedió una entrevista a la revista *CuerpoMente*. En dicho interviú, entre otros temas, se refirió a la visión taoísta del hecho de fluir con los cambios:

> La vida es un cambio constante y siempre hay una manera mejor que otra de afrontar cada cambio: seguir el tao ayuda a decidir mejor en cuestiones importantes de la vida y a seguir viviendo con las decisiones tomadas sin perder la serenidad. Enseña a vivir centrado, independientemente de las circunstancias.

Marinoff sostiene que la pérdida y la ganancia son complementarias, dentro de cada una está la simiente de la otra. Hay muchos ejemplos de ello. Muchos conciudadanos nuestros han perdido su trabajo. Sin embargo, los más felixbles han aprovechado su nueva situación para aprender a hacer otras cosas e incluso han creado negocios. Su pérdida se ha convertido en una ganancia.

Referente a la rigidez y al miedo a los cambios, en palabras de Lou Marinoff:

> Con el tiempo todo cambia, nos guste o no. Si te apegas demasiado a cierto estado de cosas, cuando este empeora, no es el cambio de situación lo que te hace sufrir, sino el apego a la situación anterior.

El tao nos ofrece el ejemplo del agua. Tal como nos dice Marinoff, el agua es yin porque se adapta a cualquier forma y no juzga. El agua actúa como deberíamos hacer las personas. Cuando el agua está estancada, se adapta a la forma de su contenedor y, si se abre una salida, el agua fluirá por ella en constante búsqueda de nuevos horizontes. Si el agua tiene que pasar por lugares bajos y poco agradables, se adaptará a ellos, pero seguirá siempre buscando una nueva canalización. Todo está en constante cambio y hay que adaptarse a cualquiera de esas transformaciones. Si el estancamiento es permanente y nos negamos a tomar las salidas que se nos ofrecen, nos corromperemos como las aguas estancadas.

Una de nuestras mejores armas para afrontar cualquier crisis es la flexibilidad y la apertura a los demás. Un gran tronco milenario puede ser tumbado por la fuerza de un tifón. Sin embargo un junco o una hierba lo podrán soportar mejor gracias a su flexibilidad. Tomemos ejemplo de la naturaleza.

Darwin y la supervivencia

Darwin publicó el 24 de noviembre de 1859 la obra que lo hizo famoso: *El origen de las especies*. En el capítulo cinco de su obra, este científico británico se atrevió a decir lo siguiente: «Las especies que sobreviven no son las más fuertes ni las más inteligentes, sino aquellas que se adaptan mejor al cambio».

Debemos tomar ejemplo de la naturaleza. Esta sentencia de Charles Darwin es exactamente lo mismo que la popular frase «renovarse o morir». Está claro que en la actual sociedad todo cambia de manera vertiginosa. Nuestra generación está viviendo toda clase de cambios en cinco o diez años, más de los que vio cualquier persona de la época de nuestros tatarabuelos en toda su vida.

La sociedad, la cultura, el mundo laboral cambian continuamente y debemos adaptarnos o sufrir. Un empresario, si no se ajusta a las nuevas demandas o a las nuevas tecnologías, quedará desfasado y acabará perdiendo dinero o en la bancarrota. Un trabajador, si no se pone al día de los requisitos necesarios para poder desempeñar su labor, acabará siendo un lastre para la empresa en la que trabaja y pondrá en peligro su puesto.

Está claro que para poder tener éxito social, laboral o sentimental hay que adaptarse y ponerse al día.

> CONSEJOS PARA SER FLEXIBLE
>
> - *Entiende que la rigidez es una forma de vivir ansiosa.* La rigidez psicológica es hija del perfeccionismo.
> - *Practica la flexibilidad.* Ser elástico es un arte que se aprende y significa fundamentalmente tolerancia.
> - *Asume que son normales los cambios en la vida* y acéptalos para llevarlos bien.
> - *Ten juego de cintura.* Saber perder es un ejercicio importante y te ayuda a relativizar ciertas victorias que muchas veces no son tan importantes.

TEST

1. **El jefe te marca varias faltas de ortografía en uno de tus proyectos...**
   a. Agradezco su ayuda y prometo prestar más atención la próxima vez.
   b. Invento alguna excusa (falta de tiempo o que alguien ha tocado mi trabajo) para salir del paso.

2. **Tu pareja quiere invitarte a cenar y te pregunta dónde quieres ir.**
   a. Me encantan las sorpresas y prefiero que decida ella.
   b. Me encargo de buscar un restaurante y llamo antes para reservar y no tener que esperar.

3. **Cuando caminas por la ciudad...**
   a. Si tengo tiempo busco rutas alternativas y calles que nunca he transitado para descubrir nuevos lugares.
   b. Siempre transito por las mismas calles porque no entiendo qué sentido tiene hacerlo de otra forma.

4. **A la hora de comer...**
   a. Me siento en cualquier lado de la mesa.
   b. Siempre me acomodo en el mismo sitio y en la misma silla.

5. **Todos tus amigos...**
   a. Tienen una personalidad y gustos muy parecidos a los míos. Por eso son mis amigos.
   b. Son completamente diferentes entre sí y no comparten rasgos, carácter o aficiones. ¡Así resulta mucho más divertido!

6. **Los compañeros te invitan a tomar una copa después del trabajo.**
   a. Declino su ofrecimiento porque no lo tenía previsto.
   b. Llamo a casa y digo que volveré un poco más tarde.

7. **Hoy toca hacer la compra de la semana...**
   a. Antes de salir preparo una exhaustiva lista para no pasar nada por alto.
   b. Voy al supermercado e improviso.

RESULTADOS

Por cada respuesta A, suma 2 puntos. Por cada respuesta B, suma 1 punto.

- **Menos de 8 puntos.** Eres una persona flexible que sabe adaptarse a los cambios y acepta todos los matices del día a día, sin dejarse arrastrar por actitudes rígidas y perfeccionistas.
- **Entre 8 y 12 puntos.** Los cambios te inquietan, aunque haces lo posible por afrontarlos con una disposición abierta y flexible.
- **Más de 12 puntos.** Para ti todo es blanco o negro. Te estás perdiendo una interesante y atractiva gama de grises que harían de tu vida una experiencia mucho más rica y emocionante.

capítulo Veintiuno | El don de la asertividad

Para decir sí, antes hay que decir no

> Lo más importante que aprendí a hacer
> después de los cuarenta años
> fue a decir no cuando es no.
> GABRIEL GARCÍA MÁRQUEZ

Juana tiene 67 años y es la única soltera entre sus hermanos, que la tratan como a un comodín a su servicio. Con la excusa de que no se casó ni tuvo hijos, disponen de ella continuamente como canguro de los nietos y le asignan las tareas más duras en cualquier reunión.

Por la misma frustración que le produce no haber podido fundar una familia, Juana se pliega a lo que le piden sin rechistar, pero va acumulando resentimiento. Al mismo tiempo se siente perdida, como si de tanto servir a los demás hubiera extraviado el propio rumbo.

Acude a mi consulta aquejada de migrañas y ansiedad nocturna. Cuando me explica su caso, le explico por una parte las claves de la asertividad y le doy un artículo mío sobre los valores que más cotizan.

El objetivo es que encuentre un equilibrio entre sus propias prioridades y necesidades y las demás.

Complacer a los demás

Muchas personas viven con el peso de tener que gustar a todo el mundo en cualquier situación, lo cual claramente es imposible.

Por más que nos esforcemos, siempre habrá quien no comulgue con nosotros por una cuestión de carácter, temperamento o prioridades personales.

La madurez personal consiste, entre otras cosas, en aceptarnos como somos y mostrarnos ante los demás con naturalidad. No tiene ningún sentido fingir para quedar bien ni dar un «sí» cuando quisiéramos decir «no» con el fin de ser queridos y apreciados, ya que en la práctica no funciona. Las personas más valoradas socialmente son aquellas que se comportan de forma transparente y, desde la amabilidad, ofrecen la imagen de lo que son.

La asertividad es un valor que nos ayuda precisamente en esta dirección: respetarse a uno mismo y expresar las propias prioridades.

> **NUEVE CLAVES PARA SER MÁS ASERTIVOS**
>
> - *Conocernos bien y saber qué conductas encajan mejor en nuestro yo más íntimo.* Si de por sí no somos asertivos y tendemos más a ser pasivos, sabremos que tendremos que vencer nuestra timidez y potenciar nuestro valor. Si, en cambio, somos más viscerales o agresivos, lo que tendremos que hacer es controlar esa visceralidad. Esta es la aspiración: ser dueño de uno mismo[1].
> - *Autovalorarse, saber cuáles son nuestras cualidades y tenerlas en cuenta.* No hay que pedir disculpas cuando no es necesario. En cambio, dar las gracias es una herramienta muy útil.
> - *Dejar a los demás que hablen.* Demuestra que escuchas activamente y de esta manera podrás pedir ser escuchado si notas que los demás no lo hacen. En caso de ser interrumpido continuamente, utiliza la técnica del «disco rayado», es decir, vuelve a empezar lo que se estaba empezando a decir sin perder la calma.
> - *Tener claro en qué situaciones hay que ser más asertivo que en otras.* No siempre hay que andar negociando por todo. No hay reglas definitivamente fijas para todo.

---

1. El que no puede gobernarse a sí mismo, debe obedecer. Es mejor que busque entonces un mentor que le guíe.

- *Visualizar las situaciones problemáticas.* Hay que saber a qué tenemos que enfrentarnos. De esta manera sabremos cómo hacerlo.
- *Elaborar un guion escrito.* De este modo no dejaremos cabos sueltos. Ser amigo de ordenar las cosas en un trozo de papel o en la agenda de uso personal es una recomendación saludable.
- *Hablar con tranquilidad, respeto y firmeza.* Es necesario tener cuidado tanto con el lenguaje verbal como con el corporal. Si la otra persona entra a degüello, intentaremos retrasar nuestra respuesta hasta que esté más tranquila, aunque sea después de la conversación. Dejaremos que se desahogue respondiendo lacónicamente, con monosílabos.
- *Si admitimos nuestras equivocaciones, seremos más creíbles cuando defendamos nuestras razones.* La humildad nunca es un defecto y siempre produce en el fondo paz interior.
- *Evitar el sentimiento de culpa.* A menudo podemos caer en el chantaje moral, las manipulaciones y la demagogia de los demás. Es muy importante saber identificar esa estratagema para no caer en la trampa. Salvo que la culpa sea real y corresponda a algo que hicimos mal y nuestra conciencia moral nos llame la atención a *soto vocce*.

Recuperar los valores

En mi artículo del periódico madrileño *Abc* titulado «Los cuatro valores que más cotizan» (12 de abril de 2013), hablaba de la necesidad de recuperar aquellos valores que no son inconsistentes y volátiles. En un mundo de cambios trepidantes en el que lo único válido es breve e ilusorio, necesitamos apostar por aquello que no pasa, que no tiene fugacidad y que es un terreno sólido, que se adscribe a aquella sentencia latina: el edificio no se derrumbó porque estaba edificado sobre piedra, era fuerte, rocoso, consistente.

Un valor es todo aquel bien que ayuda a crecer como persona y conduce a una mejoría individual que nos perfecciona. Entre ellos, señalo cuatro valores que significan haber adquirido una cierta disposición para el bien: alegría, amistad, integridad y solidaridad.

En primer lugar, la *alegría* es un estado de ánimo positivo, de buen tono vital, que tiene dos notas en su interior: permanente, signo de cómo se encuentra uno psicológicamente y responde al estilo de vida y de entender la realidad; y transitoria, consecuencia de haber conseguido algún objetivo por el que uno ha luchado. La meta de una correcta educación es la alegría.

En segundo lugar, la *amistad* es uno de los platos fuertes de la vida. Existen distintos grados de amistad, pero toda amistad íntima en sus comienzos es arriesgada, aunque a la larga produce unos frutos psicológicos incomparables. Y para ello es necesario el trato: buscarse y preocuparse. El amor es más verdadero a medida que se apoya en una amistad sólida. En la amistad hay una mezcla de admiración y seducción.

En tercer lugar, una *persona íntegra* es recta, verdadera, auténtica, capaz de introducir en el coctel de su personalidad una serie de ingredientes diversos que la hacen completa y honrada.

En cuarto lugar, me refería a la *solidaridad*, como un sentimiento que nos lleva a ocuparnos de los que están mas cerca e intentar ayudarles en lo que podamos. Lo primero que podemos hacer es comprenderlos, animarlos, hacerles compañía, darles nuestro afecto y, por supuesto, la ayuda material que necesiten. Este es uno de los valores de recambio que han aparecido en los últimos años en nuestra sociedad. Es lo contrario de decirle a alguien: «ese es tu problema». Hay que darle la vuelta a la frase y decir: «voy a intentar hacer algo por ayudarte en tu problema, poner mi granito de arena para echarte una mano». Esta actitud tiene ramificaciones muy valiosas.

La autenticidad como emblema

Ser auténticos en tiempos convulsos significa tener coherencia de vida: *buena proporción entre lo que decimos y hacemos*. Hoy en día, ser auténtico es como caminar por terrenos difíciles y la proeza consiste en no venderse al mejor postor. La sociedad actual cada vez está compuesta por seres humanos más endebles, frágiles, inestables, resbaladizos, sin criterios sólidos. Son tiempos de extravío en los que vemos continuamente masas de gente a la deriva.

Auténtico procede del griego, de la palabra *authentés*, que a su vez es una contracción de *auto entés*, la cual define a aquella persona que tiene en sí misma su propio fundamento. Ser auténtico consiste en luchar por esforzarse en ser coherente. Significa que entre lo que uno piensa y uno hace hay una estrecha relación. La persona auténtica vive como piensa, es lo contrario de la doble vida o moral. Es rectitud, vivir con responsabilidad, ser capaz de ir contracorriente cuando el entorno social se vuelve permisivo y asoma el todo vale. La autenticidad está en la cumbre donde habitan las personas de categoría.

Pero hoy estamos de rebajas y a nuestro alrededor parece que solo veamos gente que lleva una doble o triple vida, cuando lo cierto es que el que se esfuerza por ser auténtico tiene una vida más plena porque está dispuesto a cambiar y corregir sus faltas.

Ser auténtico es ser verdadero. Tener una palabra que mantienes contra viento y marea. *La persona auténtica está revestida de autoridad*: lo que dice, lo hace. Tiene una vida equilibrada, armónica, compensada, ecuánime: ama la verdad por encima de todo, se esfuerza porque en su interior existan el menor número de contradicciones posibles, es una persona íntegra y autónoma. La falta de autenticidad es una enfermedad centrada en la falsificación de uno mismo.

La autenticidad comporta sencillez y naturalizad, pues la sencillez es la ausencia de doblez, tener un solo lenguaje frente a nosotros mismos y a los demás. A lo sencillo se tarda tiempo en llegar, pues es un acto de grandeza, donde la persona se manifiesta como realmente es y no como los demás quieren que sea. Es una mezcla de espontaneidad, descomplicación y estilo propio, siendo esa persona capaz de ponerse un impermeable frente a las críticas, salvo que estén fundamentadas con argumentos.

La autenticidad es el secreto de alcanzar la verdad sobre uno mismo para no perder la paz en situaciones adversas. *Ser auténtico es patrocinar la alegría.*

Y, para finalizar, la solidaridad es uno de los nuevos valores, es la virtud social de adherirse a las causas difíciles de otras personas con intención de ayudar. Es concordia, fraternidad, compañerismo, pero el hilo conductor es la generosidad. La solidaridad arranca del hecho de que todos los seres humanos somos iguales y tenemos las mismas aspiraciones. En esta sociedad que nos ha tocado vivir, el individualismo tiene muchos matices y su sombra se alarga y se quiebra en muchos campos, es una de las patologías modernas de la libertad. Ahí flota la frase de Hobbes: «El hombre se convierte en un lobo para el hombre».

Con la alegría, la amistad, la integridad y la solidaridad dejamos de ser una isla y queremos ser un archipiélago unido. Y eso es una cumbre psicológica que merece la pena escalar. La felicidad no se da en el superhombre, sino en el hombre verdadero.

CUATRO CONSEJOS PARA LA ASERTIVIDAD

- Aprende a hablar de temas intrascendentes.
- Toma más la iniciativa para hablar, evitando conductas pasivas.
- Igual que uno practica el idioma que está aprendiendo, memoriza frases del tipo: «¿Cómo está tu familia?», «¿cuál es la última película que has visto?».
- Evita la hipersensibilidad ante cualquier desacuerdo, comentario negativo o puntos de vista dispares.

TEST

1. **Durante una comida familiar en la que todo el mundo habla...**
   a. Guardo silencio y me limito a escuchar las cosas intrascendentes y poco interesantes que dicen.
   b. Participo activamente en la conversación aunque se traten temas banales.

2. **Si un vendedor ambulante intenta venderme algún producto...**
   a. Dejo que hable durante un buen rato y no veo el momento de decirle que no me interesa.
   b. No dejo que pierda el tiempo conmigo y enseguida le digo que no quiero comprarle nada.

3. **En el trabajo prefiero...**
   a. Comunicarme con los compañeros por teléfono o correo electrónico.
   b. Prefiero tratar los temas personalmente y cara a cara.

4. **Compras una prenda y una vez en casa no te gusta cómo te queda...**
   a. Me resigno porque pienso que no es motivo suficiente para conseguir un cambio.
   b. Acudo a la tienda, explico tranquilamente lo ocurrido y pido que me cambien la prenda por otra pieza.

5. **Estás en una conferencia, te apasiona el tema y al finalizar la charla os invitan a hacer preguntas o aclarar dudas sobre el tema...**
   a. A pesar de tener bastantes cuestiones, me da vergüenza y guardo silencio.
   b. Levanto la mano y pido turno inmediatamente.

6. **En un mercadillo de la ciudad te enamoras de un mueble *vintage* y preguntas el precio. Resulta ser bastante caro, así que...**
   a. Hago un esfuerzo y pago lo que pide el vendedor.
   b. Sé que en estos sitios el precio es negociable y me lanzo a regatear hasta conseguir una buena rebaja.

7. **Un compañero de trabajo está hablando mal de ti a tus espaldas...**
   a. Guardo silencio e intento evitarlo.
   b. Espero una buena ocasión para hablar con él y le pregunto educadamente por qué anda hablando mal de mi.

RESULTADOS

Por cada respuesta A, suma 2 puntos. Por cada respuesta B, suma 1 punto.

- **Menos de 8 puntos.** Eres completamente capaz de expresar lo que sientes o piensas de forma clara, libre y sencilla, haciéndolo siempre en el momento justo y a la persona indicada. Sabes mostrar quién eres y cómo eres.
- **Entre 8 y 12 puntos.** Todavía no eres totalmente capaz de defenderte y dar tu opinión en cualquier situación que te encuentres, pero ya llevas mucho camino recorrido. Sería interesante detectar en qué situaciones te cuesta más poner en práctica una actitud asertiva y focalizar tu esfuerzo en estos casos.
- **Más de 12 puntos.** Definitivamente, no eres una persona asertiva. Te cuesta expresar de forma adecuada tus opiniones, emociones y sentimientos en cualquier situación social. Consulta las 9 claves para ser más asertivo propuestas en el presente capítulo.

capítulo
Veintidós | Workaholics o adictos al trabajo

La vida como campo de trabajos forzados

> Uno de los síntomas de que se acerca
> un ataque de nervios es la creencia de que el trabajo de uno
> es terriblemente importante.
> BERTRAND RUSSELL

Marcelo es un abogado de 55 años que trabaja en un gran bufete de Madrid, está casado y tiene tres hijos. Trabaja de lunes a sábado, de nueve de la mañana a diez de la noche. Se ha convertido en un adicto al trabajo y sufre la denominada profesionalitis.

Acude a la consulta porque está tenso, no duerme bien, se irrita y tiene treinta personas a su cargo. Su mujer le ha dicho que no aguanta más y lo ha acabado echando de casa.

Pido verme a solas con la mujer y ella me explica que su marido ha perdido todo interés por temas que no sean de trabajo. No tiene tiempo para ella o sus hijos. Cuando han podido ir de fin de semana fuera, él se ha llevado trabajo consigo. Dice que Marcelo es un hombre trabajador e inteligente, pero que se lo ha comido el trabajo.

Cuando me veo con él, le explico que tiene una enfermedad y al principio lo niega. Le hago farmacoterapia porque llega agotado a casa, pero tiene insomnio, así que le receto un ansiolítico y un inductor del sueño.

Después empezamos la psicoterapia. Le doy una libreta donde apuntará objetivos e instrumentos, qué y cómo. Le propongo un programa en el que llegará a casa antes cada día y no irá a trabajar los sábados. Además, dedicará más tiempo a su mujer e hijos. Entre las pautas indico que un día a la semana, que no sea fin de semana, les va a contar cuentos a sus hijos por la noche (tiene tres, de 12, 9 y 4 años, respectivamente).

La mujer me explica que el cambio es sorprendente y Marcelo descubre que sus hijos no quieren juguetes, sino el tiempo de su padre. Me dice que él al principio miraba el reloj, porque debería estar trabajando en el ordenador o viendo papeles o estudiando algún tema importante que lleva en el despacho..., pero, siguiendo mis instrucciones, ahora se lo quita y termina los cuentos cuando sus hijos empiezan a dormirse. El cambio ha funcionado, aunque al principio le ha sido muy costoso.

Le digo que llame algunas veces a su mujer durante la jornada y que le diga frases como: «Te llamo porque quería oír tu voz»; «Ayúdame a salir de esta ratonera de no tener tiempo nada más que para trabajar»; «Te quiero, solo eso, te quiero»; «Tengo que luchar contra esta adicción cueste lo que cueste». Cuando realiza el ejercicio, su mujer se pone a llorar, así que le pongo como pauta que un día al mes se vayan los dos de fin de semana y dejen a los niños con los abuelos. También le sugiero que sea más detallista con ella.

Marcelo se da cuenta de los beneficios del cambio. Ya no ve todo lo que entra en el despacho como urgente y grave. En cuatro meses hay un cambio muy grande. También le doy un programa a la mujer para que lo refuerce positivamente.

La adicción al trabajo suele darse más en hombres que en mujeres, en edades que oscilan entre los 40 y los 50. La persona adicta al trabajo presenta algunos de los siguientes síntomas:

- *Falta de asertividad.* Tiene dificultades para decir no, con lo cual se ve obligado a menudo a quedarse terminando su

trabajo (o el de otros) fuera de horas de oficina. Tendencia a compararse con otros sobre lo que gana.
- Aunque sea consciente de su adicción, no le preocupa, ya que *la considera una adicción «constructiva»*.
- *Creerse imprescindible*. Es incapaz de delegar en los demás, ya que no soporta la sensación de perder el control de las situaciones.
- En su lugar de trabajo, el tiempo vuela. Pero cuando llega su hora de relajarse no lo consigue y se siente frustrado. *Es incapaz de disfrutar de sus vacaciones*, lo cual afecta directamente a su vida familiar o sentimental.
- *Llevarse trabajo a casa cada día y los fines de semana*. Esto significa una seria dificultad para desconectar.
- *Obsesión con temas laborales*: todo el día pensando en el tema o en el cliente.
- *Incapacidad para apagar el móvil de trabajo durante el fin de semana*. Este es un síntoma de mucho relieve. No hay conversación que no pueda ser interrumpida por algo relacionado con el trabajo.
- *No ser capaz de leer un libro (novela, ensayo) que no tenga que ver con su trabajo profesional*. Muchos de los *adictos al trabajo*[1] son bastante incultos, porque solo hablan, estudian, siguen y les interesan los asuntos relacionados con su trabajo... Pasan años sin leer un libro que no sea de lo

---

1. Dentro de las sinonimias de esta enfermedad tan seria nos encontramos con *workeralcholics, profesionalitis, trabajopatía*... y yo últimamente les llamo *trabajólicos*. En todos ellos late el mismo ritornelo: personas que han sido devoradas por el trabajo y este no les suelta. Para ellas, el descanso es seguir en su tema y su conversación sobre lo mismo...

Pueden cambiar, los que llevan una trayectoria más grave, bajo dos circunstancias: 1) amenaza de separación de la pareja: entonces sí que puede suceder el cambio; 2) un infarto de miocardio o una ansiedad de campeonato. Algunos, sin embargo, no cambian ni bajo estas dos amenazas.

suyo, salvo los periódicos durante el fin de semana, incluyendo sus suplementos.

LA SEMILLA DE LA TRABAJOPATÍA

Las causas de este problema psicológico se deben a unos condicionantes sociales, laborales, económicos e individuales que interactúan provocando que, en un ambiente laboral determinado —no tiene por qué estar enrarecido—, un trabajador cualquiera se vea inmerso en este tipo de adicción.

Por la imagen positiva que da el exceso de trabajo, una persona que trabaja en exceso puede causar admiración y/o respeto.

La facilidad actual para adquirir tecnologías de la información y comunicación que facilitan (e imponen) que se pueda trabajar en todas partes y en cualquier momento tiene como consecuencia que el trabajador estará siempre disponible. Incluso de noche en su casa o de vacaciones puede estar conectado y a disposición de la empresa.

Cuando una persona trabaja más de las horas que tiene destinadas o se dedica a su labor más de lo que es exigido por sus superiores jerárquicos, puede acabar pagándolo con un deterioro de su vida personal y de su propia salud mental y física. Si una persona no sabe desconectar del trabajo, se lleva el estrés a su casa, aparecerá el insomnio y todo puede acabar degenerando en enfermedades mentales de extrema gravedad si no se pone freno a esta situación.

Jamás hay que dar más importancia a la vida laboral que a la vida familiar, social o sentimental.

Refugiarse entre papeles y archivos

Según datos publicados en un artículo de 2007, un 8 por ciento de la población activa española dedica más de doce horas al día a su profesión para poder *escapar de sus problemas personales*. Es decir, *el trabajo es su refugio*. Estudios más recientes han demostrado que alrededor del 12 por ciento de la población española es adicta al trabajo.

En nuestro país se considera a los japoneses unos obsesos del trabajo. Tenemos la imagen de que en ese país asiático solo se vive para trabajar, pero, según un estudio de la OCDE, en el año 2003 los japoneses trabajaron una media de 1801 horas al año. Tan solo una hora más que los españoles. El 80 por ciento de las empresas españolas han estado premiando los excesos de trabajo de sus empleados, sin tener en cuenta lo perjudicial que puede llegar a ser para el trabajador y para la propia empresa a medio o largo plazo.

Se tiende a pensar que en España sabemos tomarnos la vida laboral con filosofía y que no tenemos por qué pensar en que podemos ser víctimas de la adicción al trabajo; sin embargo, según el informe *Society at a Glance* difundido por la Organización para la Cooperación y el Desarrollo Económico (OCDE), los resultados desmontan algunos de los tópicos sobre qué países son más trabajadores.

De acuerdo con estos datos, **los españoles dedican al trabajo remunerado de media unas 4,6 horas diarias** (276 minutos), lo que supone unas 32 horas semanales, un 19 por ciento más de lo que lo hacen los alemanes, 3,75 horas (232 minutos).

24 h al día *online*

Hoy en día nos parece imposible haber pasado la mayor parte de nuestra vida sin teléfono móvil, sin Facebook o Twitter, sin el imprescindible iPhone o el Whatsapp. Necesitamos estar conectados a la Red cada día. En el metro y en el autobús vemos personas de todas las edades mirando sus dispositivos fijamente y tecleando sin parar. En todas partes podemos observar este mismo cuadro. Donde vemos un libro, hay al menos veinte aparatos electrónicos en pleno funcionamiento.

La frase de uno de los grandes responsables de esta situación nos describe un futuro de aspecto bastante virtual: *Internet se está convirtiendo en la plaza del pueblo global del mañana.*

Naturalmente hay personas que hacen un uso responsable de todos estos instrumentos, pero hay muchas personas que sufren una adicción al hecho de estar conectados.

El catedrático de Psicología Clínica, Enrique Echeburúa, está convencido de que el peligro de caer en la adicción se incrementa si el usuario es una persona introvertida, de escasa vida social, de baja autoestima y que vive en el seno de una familia desestructurada o poco interesada por él.

Estas personas consideran el ordenador como algo que les ofrece todo un mundo y no les pide ningún esfuerzo a cambio. Pueden incluso satisfacer su sexualidad sin peligro de ser rechazados ni sorprendidos. Por esta razón, estos adictos de Internet pueden llegar a construir su propio mundo virtual, el cual les ofrece todo lo que les niega el mundo real.

Un caso patológico que resulta sobrecogedor son los llamados *hikikomoris*. Se ha calculado que en Japón hay alrededor de un millón de jóvenes que permanecen enclaustrados en su dormitorio, habiendo casos que permanecen en esas condiciones durante años, sumidos en una especie de agorafobia[2]. Sienten terror a lo que les espera en el mundo exterior.

---

2. Miedo insuperable a los espacio abiertos (al *ágora*), a la calle...; pero en esta modalidad nipona podríamos hablar con más propiedad de *fobia a la vida*, a enfrentarse a lo que ella significa, a tener un trabajo, a relacionarme con los demás...: sería una *multifobia*.

> ### CUATRO MEDIDAS CONTRA EL *WORKAHOLISMO*
>
> - Limita tu horario laboral a las horas establecidas, haciendo excepciones solo en casos de verdadera emergencia y necesidad.
> - Evita alargar la jornada en la oficina en detrimento de la vida familiar.
> - Desconecta el móvil, la *tablet* y otros dispositivos en cuanto abras las puerta del hogar.
> - Jamás te lleves trabajo a la cama.

TEST

1. **¿Trabajas más de cuarenta horas semanales?**
   a. Solo en determinadas temporadas o cuando el trabajo se acumula.
   b. Normalmente sí e incluso puedo llegar a trabajar más horas porque muchas veces termino la faena en casa.

2. **En una reunión familiar o con los amigos…**
   a. Intento mantener los temas del trabajo aparte y así disfrutar más con los míos.
   b. Acostumbro a interesarme por el trabajo de los demás y me gusta hablar de mi trabajo.

3. **¿Te comportas enérgicamente y de forma competitiva incluso en las actividades que realizas por diversión?**
   a. Cuando disfruto de mi tiempo libre intento relajarme y no pienso en ganar o perder, solo en pasarlo bien.
   b. Me gusta ganar siempre, no puedo evitarlo.

4. **Cuando comes, conduces o estás a punto de dormir… ¿Piensas en tu trabajo?**
   a. A veces, pero intento no hacerlo y centrarme en lo que estoy haciendo.
   b. Mi trabajo es muy absorbente y es inevitable hacerlo.

5. **¿Te emocionas más con tu trabajo que con tu familia o cualquier otra cosa?**
   a. ¡Para nada! El trabajo no es más que una forma de ganar dinero.
   b. A menudo, sobre todo cuando se trata de un proyecto en el que estoy muy implicado.

6. **¿Te molesta que la gente te pida que pares de trabajar para hacer otra cosa?**
   a. Acostumbro a separar bien el ámbito profesional del personal, eso nunca pasa.
   b. No me gusta que me interrumpan en el trabajo y menos con algo que nada tiene que ver con lo que estoy haciendo.

7. ¿Crees que más dinero resolverá los otros problemas de tu vida?
   a. El dinero ayuda, pero hay muchas otras cosas importantes.
   b. ¡Por supuesto!

RESULTADOS

Por cada respuesta A, suma 2 puntos. Por cada respuesta B, suma 1 punto.

- **Menos de 8 puntos.** Vives para trabajar. Tu excesiva e incontrolable necesidad de hacerlo puede que acabe afectando tu salud, tu felicidad y las relaciones con tus seres más queridos. Recuerda que mientras trabajas te estás perdiendo muchas otras cosas interesantes (y necesarias) que pueden ayudarte a gozar de una vida plena y equilibrada. Considera soltar el pie del acelerador y empieza a reducir las horas que dedicas a ganarte la vida si no quieres perder una parte de ella.
- **Entre 8 y 12 puntos.** Amas tu trabajo, pero sabes mantenerlo alejado de tu ámbito personal. Aun así, todavía muestras conductas con la gestión de tu tiempo que indican cierta adicción al trabajo. Empieza estableciendo objetivos en el resto de los ámbitos de tu vida personal que te ayuden a encontrar el equilibrio.
- **Más de 12 puntos.** La familia, los amigos, el tiempo libre o tu bienestar físico son más importantes que la forma en que tienes de ganarte la vida. No dejas que el trabajo te distancie de ellos y tampoco te resulta complicado conciliar todos los ámbitos.

capítulo
Veintitrés | El infierno en la oficina

«Mobbing» y otras formas de acoso laboral

> *Nadie puede herirte sin tu consentimiento.*
> ELEANOR ROOSEVELT

Sara es una enfermera soltera de 38 años. Trabaja en un hospital de Madrid donde los médicos se han metido con ella, han hecho comentarios sexuales muy desacertados y sus compañeras la critican porque es tímida. Un caso de mobbing *relativamente claro.*

Cuando visita mi consulta, le digo que esto está tipificado como un maltrato psicológico de grado medio, pero que ella tiene una piel psicológica muy fina y todo le afecta. Le doy medicación para que no vaya con ansiedad al trabajo.

Le pongo una serie de pautas:

—No ser tan hipersensible con las cosas del hospital.

—Hacer muy bien su trabajo, con mucha profesionalidad y que disfrute con ello.

—No marginarse. Si sus compañeros van a tomar un café, que también vaya ella.

—Entrar en las conversaciones de la gente. Aprender a hablar de temas generales, de noticias, de cosas del día a día... y en los comienzos de cuestiones intrascendentes (el tiempo, el fútbol, el tráfico en la ciudad, la película de moda, etc.).

—Ser muy racional y desdramatizar cualquier broma o comentario.

Al cabo de unos meses me dice: «¡Cómo ha cambiado la gente del hospital!». Pero quien ha cambiado es ella. Le digo que es muy importante que vea quién es cada persona —jefe, compañera, etc.— y que sea muy discreta con su intimidad, porque puede ser mal interpretada. Ha de aprender a estar en su sitio y a disfrutar con su trabajo.

La expresión *mobbing* la utilizó el profesor *Heinz Leymann* por vez primera en los años ochenta referida al mundo laboral. La palabra proviene del inglés y se puede traducir como «acosar masivamente» o «atropellar».

El etólogo Konrad Lorenz ya había estudiado dicho fenómeno en la investigación de la fauna. El comportamiento de los animales puede ser agresivo cuando se da la aparición de otros ejemplares de la misma especie —generalmente machos—. A menudo, algunos ejemplares más débiles se unen para hostigar a algún macho fuerte y joven. El verbo que utilizó Lorenz para describir tal hostigamiento fue *to mob*.

En un principio no se consideró como algo negativo, ya que sencillamente es una reacción instintiva de los animales salvajes. Pero más adelante, la palabra *mobbing* fue utilizada para referirse al acoso en el puesto de trabajo.

En España se ha traducido *mobbing* por «acoso laboral», que puede ser tanto físico como moral o psicológico. Según González de Rivera en su libro *El maltrato psicológico*, puede ser aplicado a situaciones de grupo en las que un individuo se ve sometido a acoso, hostigamiento, **persecución, vejación, agravio o presión psicológica** por una o varias personas del grupo laboral al que pertenece, con la complicidad, el silencio o la colaboración de individuos que forman parte de dicha colectividad.

> **ATROPELLADO**
>
> El doctor sueco especializado en psicología del trabajo Heinz Leymann define el *acoso laboral o mobbing* como «aquella situación en que una persona o un grupo de personas ejercen violencia psicológica extrema, y esto de forma sistemática (al menos una vez por semana), durante un tiempo prolongado, sobre otras personas en el lugar de trabajo».
>
> Para que se pueda calificar como tal, se tienen que dar las siguientes situaciones:
>
> - Se trata de una situación prolongada, sistemática y persistente.
> - Los efectos provocados en la víctima (o víctimas) son evidentemente destructivos a todos los niveles: moral, psicológico, laboral e incluso físicos.
> - Suelen existir diferencias jerárquicas en el lugar de trabajo.
>
> No se pueden considerar como acoso laboral aquellas diferencias que puedan surgir de manera coyuntural entre compañeros de trabajo y/o superiores jerárquicos. En tal caso, estamos hablando tan solo de conflictos puntuales.
>
> Existen tres modalidades de acoso laboral:
>
> - *Acoso laboral descendente*: en este caso es el jefe o cualquier persona de rango laboral superior el causante del acoso.
> - *Acoso laboral horizontal*: uno o varios compañeros de la misma categoría laboral son los que hacen la vida imposible a la víctima del acoso.
> - *Acoso laboral ascendente*: este es el caso de una persona que sufre el hostigamiento de sus subordinados. Puede ser el caso de un trabajador recién ascendido que ha despertado envidias entre sus antiguos compañeros o el de un nuevo empleado de la empresa que no ha caído en gracia entre los trabajadores (puede ser el caso de una mujer en una empresa mayoritariamente masculina).

¿Me están acosando?

Una persona raramente es acosada el primer día de trabajo. Los acosadores suelen ser personas cobardes y no atacan abiertamente hasta que tienen el terreno allanado y un público que le ríe las gracias. Si el atacante es simplemente un gracioso que va lanzando pequeños dardos envenenados, puede ser frenado con una simple conversación asertiva. Si el origen del problema viene dado a cusa de una situación conflictiva o una crisis, puede haber entonces una evolución.

En el historial de un acoso tenemos las siguientes fases:

- *Incidente original*: cualquier conflicto que no ha sido resuelto puede enquistarse y hacerse crónico.
- *Acoso, negación de los hechos y estigmatización de la víctima*: los ataques suelen sorprender de tal manera a la víctima que esta no se defiende. Los demás compañeros tampoco saben cómo reaccionar y tienden a restar importancia a lo sucedido. Esa falta de reacción crea el envalentonamiento del agente opresor y el empeoramiento de la situación.
- *Aparición de un árbitro o una autoridad*: un empleado de rango superior de la empresa (o el mismo jefe) empieza a ser consciente de la situación y pone freno al acoso. O, por el contrario, decide no intervenir activamente y quita importancia a los hechos. Esto provoca el deterioro ambiental para la víctima del acoso. No es extraño incluso que el propio superior jerárquico participe en el hostigamiento del acosado.
- *Pérdida del lugar de trabajo*: la víctima empieza a ser considerada un trabajador molesto o conflictivo. Cuando eso ocurre, acaba siendo despedido o forzado a dimitir mediante vejaciones continuadas. Se dan muchos casos en que el trabajador cae en estados depresivos y pide frecuentes bajas, lo que acaba normalmente en pérdida de su lugar de trabajo.

Ante un caso de *mobbing*

En el caso en que el acosador sea el empresario o el jefe, los especialistas en derecho laboral aconsejan intentar salir de la empresa de la mejor manera, cobrando una indemnización por acoso y con el despido improcedente. Nunca hay que darse de baja voluntariamente (mientras nuestra salud mental lo permita).

Métodos de defensa:

- Efectuar grabaciones, que pueden ser aportadas como prueba en un posible juicio. Conservar amenazas o vejaciones escritas en papel.
- Informarse de los derechos de los trabajadores según el convenio.
- Tener claro que, para una empresa, la mala imagen es muy perjudicial. Eso puede ser un recurso para la defensa.
- Demandar a la empresa o al trabajador de rango superior.

En el caso de que el agente agresor sea un compañero o varios de ellos, los métodos a seguir serían:

- Hay que intentar arreglar la situación antes de que se nos escape de las manos. No debemos permitir según qué tipo de bromas, y menos si estas ya tienen público. Una conversación en la que se demuestre la dignidad de unos y la intención de no dejarse pisotear son la mejor herramienta preventiva.
- El acosador suele ser un cobarde que se esconde en el secretismo. Hagamos público su acoso. Muchas veces la misma empresa tomará cartas en el asunto con una penalización o con un despido del acosador.
- No hay que aislarse y permitir que el acosador tenga sus seguidores. Busquemos aliados.

- Cuidado con nuestros datos o trabajo. El acosador puede intentar destruir o ensuciar nuestro trabajo para desprestigiarnos. Todo bajo llave o bajo contraseña.
- Busquemos apoyo de un profesional. Hay que cuidar nuestra autoestima y la ayuda psicológica será muy necesaria.
- Igual que en el caso anterior, si el *mobbing* ya está en una fase muy desarrollada, hay que empezar a conseguir pruebas de ello. Grabaciones o papeles en los que salgan a la luz amenazas, insultos o humillaciones pueden ser una muy buena arma tanto de defensa como de ataque.
- Denunciar al acosador, jamás perdonarlo.

El mundo del *mobbing*

Un profesor de la Universidad española de Alcalá de Henares, Iñaki Piñuel, realizó una investigación a la que bautizó como *Barómetro Cisneros* sobre la violencia en el mundo laboral. Es la primera investigación sobre el tema del *mobbing* realizada en España con una base de 1000 personas encuestadas.

El llamado «cuestionario Cisneros II» (Cuestionario Individual sobre Psicoterror, Ninguneo, Estigmatización y Rechazo en Organizaciones Sociales) plasma, por vez primera, los tipos de conducta agresiva laboral más usuales. En este estudio también podemos observar por primera vez las consecuencias en forma de daños sobre la salud mental y física de las personas que han sufrido esta lacra laboral. Algunos de los datos que podemos encontrar en el informe y nos pueden ser de utilidad:

- Uno de cada tres trabajadores en activo confiesa haber sido víctima de agresiones psicológicas a lo largo de su vida laboral.

- Los autores de estas agresiones psicológicas son: en un 70,39 por ciento de las veces, los jefes o superiores jerárquicos más inmediatos; en un 26,06 por ciento los causantes del *mobbing* son los propios compañeros de trabajo; y tan solo en un 3,55 por ciento de los casos son los subordinados.
- Más del 16 por ciento de la población española laboralmente en activo reconoce ser víctima de acoso psicológico durante los últimos 6 meses con una frecuencia semanal.
- Dos de cada tres trabajadores víctimas de *mobbing* no son conscientes de estar siendo víctimas de acoso.
- Más del cincuenta por ciento de las víctimas (52,17 por ciento) manifiestan secuelas del acoso sobre su salud física.
- El *mobbing* afecta tanto a hombres como a mujeres, pero se calcula que hay más riesgo en el género femenino (por ser, en general, mas sensibles psicológicamente).
- La mayoría de los compañeros de trabajo que son testigos del *mobbing* no mueven apenas un dedo para apoyar al agredido. Solo en un caso de cada seis hay un apoyo al acosado frente al agresor.
- En el exterior la situación no es precisamente más atractiva. En Europa (según un estudio realizado en marzo del 2002) el porcentaje de trabajadores que estaban sufriendo acoso psicológico en su trabajo era también del 33 por ciento.
- En un estudio de la *British Medical Journal* (2011), se pone de relieve que un 38 por ciento de trabajadores ha manifestado haber sufrido *mobbing*, mientras que un 42 por ciento de trabajadores confiesa haber sido testigo de casos de acoso.

TRES PASOS ANTE UN CASO DE *MOBBING*

- Antes de que el asunto pase a mayores, habla directamente con el agresor. Si la comunicación es difícil, hazlo por correo electrónico, con lo cual quedará además constancia de la conversación.
- Si la agresión viene por parte de un compañero, reporta inmediatamente a su superior o al jefe de personal.
- En caso de no poder frenar el acoso, acude a un abogado, que te aconsejará la mejor estrategia.
- Busca ayuda psicológica para paliar los estragos del *mobbing*.

TEST

1. ¿En más de una ocasión has sentido que se amplifican o dramatizan pequeños errores por tu parte en el trabajo?
   a. Formas parte de un equipo de profesionales bastante unido y que comparte siempre los éxitos (y los fracasos).
   b. Tienes un superior que acostumbra a incidir mucho más en tus fallos que en tus capacidades.

2. ¿Desvaloran continuamente tu esfuerzo profesional, restándole su valor o atribuyéndolo a otros factores?
   a. Paso bastante desapercibido en el trabajo.
   b. En mi empresa nunca es suficiente lo que hago y siempre quieren más.

3. ¿Suelen encargarte trabajos para entregar en un plazo imposible o darte tareas inferiores a tu cualificación profesional?
   a. Nunca ha ocurrido en mi actual empresa.
   b. Últimamente en más de una ocasión.

4. ¿Tu jefe acostumbra a evitarte y te cuesta mucho hablar o reunirte con él?
   a. Suele ser bastante accesible e incluso salimos a comer juntos en alguna ocasión.
   b. Apenas me dirige la palabra y su mera presencia ya me intimida.

5. ¿Alguna vez te han amenazado en el trabajo con elementos disciplinarios (rescisión de contrato, no renovación, despido, traslado)?
   a. Nunca.
   b. En varias ocasiones.

6. ¿Controlan, supervisan o monitorizan tu trabajo de forma exagerada?
   a. Confían en mi trabajo y tengo libertad en la toma de decisiones.
   b. Continuamente, sobre todo desde que ha entrado el nuevo jefe.

7. ¿Te ignoran, te excluyen, te hacen el vacío, fingen no verte, no te devuelven el saludo o te hacen parecer «invisible» en el trabajo?
   a. Tengo buenos compañeros y todos formamos un equipo muy unido.
   b. A veces me siento muy aislado, especialmente cuando incurro en algún error que afecta al resto.

RESULTADOS

Por cada respuesta A, suma 2 puntos. Por cada respuesta B, suma 1 punto.

- **Menos de 8 puntos.** Alerta con lo que ocurre en tu trabajo porque puede que estés siendo víctima de una desagradable situación de *mobbing*. El hostigamiento psicológico en el trabajo es muy dañino y no estaría de más buscar la ayuda de un profesional especializado en estos casos, especialmente si la agresión proviene de un superior.
- **Entre 8 y 12 puntos.** Parece que las cosas están cambiando en tu empresa y la presión sobre el desempeño de tu trabajo va en aumento. Cuida tu autoestima, evita aislarte en el trabajo y si es necesario haz público el acoso para que la empresa tome medidas antes de que la situación empeore.
- **Más de 12 puntos.** Afortunadamente formas parte de un equipo de compañeros unido y solidario. Tus superiores son personas accesibles que confían en sus empleados y permiten su desarrollo en la empresa sin más presión de la necesaria.

capítulo Veinticuatro | Doctor, no puedo más

Estrés agudo y «burnout»

> *No es el estrés lo que nos mata,*
> *sino nuestra reacción ante él.*
> Hans Selye

José es enfermero de quirófano y está sometido a constante presión. Trabaja en una gran clínica en el turno de noche y ve llegar a muchos accidentados que necesitan una intervención a vida o muerte.

Desde que la mutua propietaria del centro empezó a sufrir pérdidas, su sueldo se ha ido recortando a la vez que se agregan más y más horas a su jornada a causa de los despidos. José ama su trabajo, pero está agotado a causa de las noches interminables y de las responsabilidades de su trabajo, que rara vez se ve reconocido por los gestores de la mutua.

Le diagnostico un síndrome de burnout[1] mezclado con estrés

---

1. El primer antecedente histórico de esta enfermedad fue elaborado en 1953 por Schwartz y Hill, entre las enfermeras de un hospital psiquiátrico inglés, en donde la enfermera Jones lo dejaba claro en sus notas personales: «Los pacientes se quejaban, me daba cuenta de que era cada vez menos efectiva, mi jefa de enfermería se quejaba de mí, el ambiente era insoportable, trabajar y trabajar sin parar, un día detrás de otro, yo estaba agotada». Mas tarde, en 1974 Freudenberg lo describió de un modo más científico y riguroso: agotamiento emocional, estrés y cansancio físico y psicológico, desgaste y deshumanización, sensación de mala realización personal, aplanamiento y falta de ilusión...

Pero fueron Maslach y Jackson los que en 1981 diseñaron todo su cuadro clínico.

agudo y sostenido —denominado por algunos autores hiperestrés— y empezamos a trabajar en su caso.

Hiperestrés

Todos sabemos lo que es el estrés. Convivimos con él a diario y somos conscientes de que en muchos casos no tiene por qué ser perjudicial, pero una exposición a estados de estrés continuados y excesivos pueden provocar que no se pueda asimilar esa tensión tan desmedida. Cuando eso ocurre, nuestro organismo puede responder de manera muy inesperada, afectando al sistema inmunológico.

Cuando el estrés ya se ha incrementado de tal manera que ha alterado el sistema inmunológico, se le denomina hiperestrés y entonces se convierte en una alteración funcional. Nuestro organismo cuenta con un sistema de defensa vital que es el **sistema inmunológico**, que puede verse afectado e incluso transformado debido a una determinada tensión cuando se dispone a luchar contra las agresiones externas.

Sin embargo, si todo este sistema defensivo se bloquea y se paraliza puede resultar muy peligroso, ya que inicia de manera paulatina una grave alteración funcional y una alteración de esa magnitud puede progresar y convertirse en una enfermedad crónica y degenerativa.

Me siento mal

Cuando una persona se ve afectada por el hiperestrés, además del sistema inmunológico, también se ve afectado de forma masiva su comportamiento individual. Cualquier contratiempo, por pequeño que sea, se transforma en una auténtica catástrofe, todo estalla de una manera generalizada.

Pueden aparecer cefaleas, zumbido de oídos, dolores musculares y de articulaciones —especialmente en las vértebras cervicales—, mareos, vértigos y nauseas... El organismo de quien sufre hiperestrés corre el riesgo de contraer cualquier enfermedad contagiosa porque está al descubierto.

Todo ello afecta a la vida cotidiana del individuo. Cuando alguien se ve afectado por semejante tensión, no solo su organismo se resiente, su vida laboral corre peligro porque ya no responde con la misma eficiencia que generalmente podría. Lo mismo ocurre con la vida familiar y sentimental. Cuando alguien está bajo los efectos del hiperestrés, suele estar irritable y puede tener ataques de ira. Sufre una pérdida grave de memoria emocional.

Nunca hay que automedicarse en estos casos, pues podemos agravar algunos síntomas. Además, aunque los narcóticos pudieran mitigar el dolor, estos seguirían presentes aunque enmascarados y no habríamos arreglado nada. Es más, si seguimos permitiendo que nuestro organismo sufra tal tensión y encima nos automedicamos, podemos acabar contrayendo males mucho peores.

Siempre es necesario buscar a un especialista que nos explique qué está pasando y nos ayude a encontrar soluciones.

En llamas

El *síndrome de* burnout, también conocido como *estar quemado*, es un síndrome caracterizado por su relación directa con el mundo laboral. Se habló del él por primera vez en la década de los cuarenta, en hospitales donde los médicos y las enfermeras trabajaban muchas horas, bajo mucha presión y no había reconocimiento hacia su trabajo por parte de los que regían el centro.

Por ese motivo, quien está aquejado por este síndrome trabaja de forma automática, no cree en el sistema, pierde la motivación y está cansado y triste. Le embarga un profundo agotamiento físico, mental y emocional causado por el hastío, el cansancio psíquico o estrés que aparece por el roce con otros compañeros de trabajo en una atmosfera laboral complicada y/o crítica. En muchos casos se da en profesionales que se ven obligados a la dedicación y entrega hacia terceros. Son situaciones estresantes cuya tensión va minando paulatinamente a quien la sufre hasta provocar una total incapacidad para continuar desempañando su labor profesional. Es una de las causas más importantes del absentismo laboral, de consumo de medicamentos (por automedicación), sustancias o drogas. En algunos casos pueden producirse reacciones violentas o tendencias suicidas.

En la persona afectada, la desgana y el hastío provocan una disminución considerable del rendimiento laboral, lo cual afecta a la calidad de su trabajo y provoca conflictividad.

Los síntomas son los siguientes:

- *Apatía* desde el mismo momento en que empieza la jornada laboral. Falta evidente de energía.
- *Fatiga crónica*: cansancio especialmente psicológico, pero también físico. Todo se vuelve plúmbeo, soso, cargante, insoportable.
- *Desgaste profesional*. El trabajo se hace cansino y siempre se espera lo peor de los compañeros, los jefes y el entorno. En una palabra: *insatisfacción en el trabajo*: que suele terminar en una especie de indiferencia por saturación de contradicciones y dificultades acumuladas.
- *El trabajo se torna impersonal y con poca autorrealización.*

Las tareas se desarrollan de manera mecánica, como si esa persona fuera una autómata. Pensemos en un empleado de Correos con mal ambiente a su alrededor, un oficinista de ventanilla de un ministerio, el trabajador de una fábrica donde lo que cuenta es solo el rendimiento y un largo etcétera.
- *Tristeza, decaimiento de ánimo, melancolía*: sentimientos de descenso del ánimo con versiones más o menos diferentes según la edad, el nivel social, la cultura, etc.
- *Sensación de inutilidad*. La persona «quemada» cree que lo que hace no sirve para nada.
- *Ansiedad*: inquietud interior que puede ser física, psicológica o social. Enseguida me referiré a este apartado con algo más de detalle.
- El profesional se vuelve *irritable*, carece de paciencia. Puede comportarse de forma sarcástica y fría tanto con los clientes como con los compañeros de trabajo.
- *Imposibilidad para desconectar del trabajo*. Sufre de angustia en el tiempo libre a causa de sus pensamientos relacionados con el trabajo.
- Padece *efectos psicosomáticos*[2]: dolores de cabeza, molestias gástricas, despeños diarreicos, temblor de manos, hipersudoración, sensación de cansancio anterior al esfuerzo, etc.

---

2. Todo termina, se desliza hacia manifestaciones físicas, pero buscando su etiología, debemos darnos cuenta de que es la consecuencia de una vida laboral seriamente dañada. Aquí la palabra *psicosomático* tiene una rotundidad esencial. La American Psychiatric Association le da ahora el nombre de *trastornos somatomorfos* y se refiere a la presencia de síntomas físicos que sugieren una enfermedad médica y que no pueden explicarse completamente. Se descubren tensiones emocionales mantenidas durante mucho tiempo.

> ¿QUÉ NOS QUEMA?
>
> - Trabajos en los que el profesional se ve envuelto diariamente en situaciones donde la persona a la que atiende tiene un alto nivel de nerviosismo o agresividad. Ejemplo: el personal de las líneas aéreas que atienden a los pasajeros a quienes la compañía ha extraviado su equipaje.
> - Horarios interminables en medio de un ambiente de trabajo que está enrarecido por la razón que sea.
> - Falta de recursos para desempeñar el trabajo en buenas condiciones: carencia de material, de personal, ausencia de personas responsables en casos de extrema crisis...
> - Exigencias desproporcionadas al trabajador.

Profesiones que queman

Aquí vamos a hacer una ordenación sistemática. Lo que debemos tener presente es que cualquier profesión se puede convertir en un verdadero *burnout*, pero existen algunas que por su idiosincrasia llevan más hacia esa dinámica negativa. La lista es la siguiente:

- Abogados de bufetes (privados) muy numerosos.
- Maestros de colegios públicos.
- Funcionarios de ministerios.
- Médicos y enfermeras de hospitales públicos de mucha demanda asistencial[3].

---

3. Hay un matiz que no quiero dejarme en el tintero. Un psicólogo americano ha hablado de la *indefensión aprendida*, que en inglés se llama *helplesness* y que inicialmente se refería al aprendizaje negativo que tenían ciertos animales que no podían escapar de donde se encontraban. Más tarde esto se extrapoló a la conducta humana: se trata de una persona derrotada, rota, que reacciona con pasividad total y agotamiento emocional...Ya no hay ningún atisbo de lucha. Es la antesala de la *diselpidia*, de la desesperanza.

- Periodistas que, por falta de un horario racional, convierten su vida en una *adición al trabajo sin horas*.

Los trabajadores más proclives a sufrir dicho síndrome son los que se dedican o tienen relación con la sanidad, la educación o la administración pública. Estos campos laborables acostumbran a ser los que más incidencia muestran en las estadísticas porque están normalmente en contacto con personas en situación de conflicto o con problemáticas graves, y son estos profesionales quienes han de enfrentarse a dichos problemas.

La frustración estalla cuando constatan que su trabajo apenas resulta productivo y tienen la sensación de que hagan lo que hagan no servirá para nada. Entre el 20 por ciento y el 30 por ciento de los médicos, profesores y policías locales padecen síntomas de *burnout*.

El estudio realizado por Ibáñez y Vilaregut en el 2004, sobre la prevalencia del síndrome de *burnout* en un grupo de enfermeras de un hospital de Barcelona, llegó a conclusiones muy reveladoras:

El 71,4 por ciento de las enfermeras estudiadas presentaron síntomas físicos de origen psicológico que podrían requerir atención especializada y estos se correlacionan con el cansancio emocional y la despersonalización. Las enfermeras que desean cambiar su horario de trabajo (42,9 por ciento) o de profesión (32,9 por ciento) puntuaron más alto en la subescala de cansancio emocional. Por tanto, el perfil epidemiológico de riesgo de padecer *burnout* sería el de la mujer casada con pocas horas de ocio a la semana y que desea cambiar su horario de trabajo.

ASCUAS BAJO LAS BRASAS

Las consecuencias del síndrome de *estar quemado* pueden ser de tres tipos:

- *Físicas*: la persona que padece el *burnout* suele tener insomnio y lo que ello provoca. Su estado físico en general es deficiente. Pueden aparecer cefaleas, agotamiento crónico, desarreglos gastrointestinales —como úlceras o esofagitis—. A nivel arterial también pueden darse casos de hipertensión y cardiopatías. El paciente pierde el apetito y por lo tanto sufre pérdida de peso. También se ve aquejado por dolores musculares y de huesos, sobre todo en la espalda. En algunas mujeres puede haber una pérdida de los ciclos menstruales.
- *Emocionales*: el paciente se distancia afectivamente de los que le rodean. Se aburre durante su tiempo libre y se obsesiona con el hecho de tener que volver al infierno laboral. Le cuesta mucho concentrarse y pueden darse casos de desorientación, impaciencia, ira, irritabilidad, miedo y ataques de pánico. La autoestima tiende a estar por los suelos, aparecen sentimientos depresivos, de asco y autoodio. La persona con *burnout* sufre un caso grave de agotamiento emocional, arde en deseos de romper con todo y abandonar su profesión. En algunos casos extremos, aparecen tendencias suicidas.
- *Conductuales*: se manifiesta una actitud fría, desconsiderada y despersonalizada con la persona a la que atiende, y puede llegar incluso a la grosería. Muestra gran facilidad para el absentismo laboral y es víctima de adicciones como el alcohol o las drogas. Padece egocentrismo severo debido a la obsesión que sufre, de manera que solo se queja y no escucha. Su humor cambia radicalmente y se comunica de forma cínica y sarcástica, especialmente con los compañeros de trabajo y los clientes a los que atiende.
- *Cognitivas (o mentales)*: la cabeza es incapaz de captar un dato positivo o un hecho bueno… Su interpretación de cualquier nueva circunstancia tiende ya a ser negativa.

Los profesionales más felices

Una de cal y otra de arena. Según un estudio realizado por el Centro Nacional de Investigación de Opinión de la Universidad de Chicago, los miembros del clero serían los profesionales más felices del mundo. Los resultados de la *Encuesta social general*, que pueden leerse en la revista *Forbes* (marzo, 2013), aseguran que los sacerdotes[4] afirman con mayor frecuencia ser felices realizando su trabajo.

Curiosamente, las profesiones que han quedado en el top 10 de la encuesta tienden a estar mal remuneradas, además de estar asociadas a altos niveles de estrés y recibir poco reconocimiento social. Es decir, existen otros parámetros para evaluar la felicidad en el trabajo, y entre los más importantes encontramos la interacción social.

Aquellos trabajos que nos permiten ayudar a los demás y trabajar codo con codo por el bien común son las que mayor felicidad proporcionan a sus trabajadores. Parece ser que desarrollar nuestra faceta más humana y creativa compensa el resto de las penurias, así como la incertidumbre laboral.

Las diez profesiones más gratificantes según el estudio son las siguientes:

1. Sacerdotes.
2. Bomberos.
3. Fisioterapeutas.

---

4. Esto puede parecer una contradicción, pero no es así: la entrega a los demás, con alegría y espíritu de servicio, produce una gran satisfacción. ¿Por qué? Porque en la donación sincera de uno mismo hay un vivencia de *estar haciendo algo por los demás, siendo capaces de olvidarnos de nosotros mismos*. Toda la teoría que se hospeda en esta idea es sencillamente la siguiente: hay más alegría en dar que en recibir. Esa es la clave. La persona madura lo sabe.

4. Escritores.
5. Profesores de educación especial.
6. Maestros.
7. Artistas.
8. Psicólogos.
9. Agentes financieros.
10. Ingenieros de operaciones.

Recursos para superar el *burnout*

A ninguna empresa le resulta beneficioso tener a un trabajador bajo el síndrome de «estar quemado». A menudo el propio trabajador que está bajo estos efectos no se da cuenta de ello. Son los propios compañeros o el supervisor quienes detectan semejante estado.

Toda empresa debería tener herramientas para ayudarle a vencer el síndrome y es importante que las utilice, ya que el *burnout* puede resultar contagioso entre los demás trabajadores y el rendimiento de la empresa verse deteriorado. Algunas de ellas son:

- *Reorganización del trabajo*. Si el trabajador afectado realiza siempre la misma labor, el simple hecho de cambiarle la rutina, ofreciéndole otras responsabilidades, puede ser un muy buen aliciente.
- Si es posible, y para ambas partes no resulta un problema, se pueden cambiar los horarios. Cuando alguien está «quemado», los *cambios y la ruptura de la monotonía* suelen dar resultados beneficiosos, aunque al principio parezca que sea justo lo contrario.
- *Cursos de motivación*. Muchos de ellos son pagados por el Estado y los resultados son sorprendentes. En dichos cur-

sos, el trabajador suele desfogarse comentando sus penurias y, muy a menudo, puede comprobar que él tiene una buena dosis de culpa de su situación a causa de su propia actitud negativa.
- *Hacer notar al trabajador que para la empresa no es un simple número,* eso motiva la autoestima y la asertividad. La persona que sufre el *burnout* necesita ser escuchada. La comunicación es básica. A menudo se llega hasta semejante estado por el hecho de haberse callado situaciones laborables o conflictos que la propia empresa ignora.
- *Felicitar a los empleados por los éxitos conseguidos y el trabajo bien hecho.* Si es posible, cuando se haya conseguido un beneficio destacable por una buena gestión, premiar al empleado con un pequeño aliciente, sea económico o en forma de tiempo libre.

El buen ambiente laboral no depende únicamente de la empresa ni de los compañeros. Lógicamente el propio afectado tiene que ayudarse a sí mismo, no se trata de que la empresa le saque las castañas del fuego. Hay que saber conocerse y descubrir qué es lo que necesitamos.

DOS CONSEJOS CONTRA EL *BURNOUT*

- Analiza de dónde procede, qué es lo que te *quema* de tu trabajo.
- Practica la automotivación. Nuestra mente se divide en conciencia psicológica, darse cuenta de la realidad donde uno está; y conciencia moral, un sello interior que nos dice si nuestra conducta es buena o mala. Aprende a utilizarlas.

TEST

1. **¿En qué estado de ánimo te levantas por las mañanas?**
   a. Con ganas de empezar el día y emprender todas las tareas.
   b. Fatigado y con sensación de vacío.

2. **¿Sientes que tu trabajo no te realiza y has perdido entusiasmo en su desempeño?**
   a. Me encanta lo que hago y continuamente intento mejorar para tener más responsabilidades.
   b. Llevo tiempo haciendo lo mismo y me siento «quemado».

3. **¿Has conseguido muchas cosas valiosas en tu actual puesto de trabajo?**
   a. Forma una parte muy importante de mi vida.
   b. Diría que al contrario, más bien me las ha quitado (ánimo, tiempo libre, ilusión...).

4. **¿Dudas de la trascendencia de tu trabajo?**
   a. Afortunadamente, me siento orgulloso de la importancia que tiene mi trabajo para muchas personas.
   b. Tengo la sensación de que únicamente trabajo por dinero.

5. **¿Sueles sentirte «consumido» al final de la jornada de trabajo?**
   a. Solo en determinadas ocasiones si el día ha sido muy duro.
   b. A menudo siento que mi trabajo es excesivamente absorbente y que no merece la pena todo el tiempo que le dedico.

6. **¿Te estimula conseguir objetivos en el trabajo?**
   a. ¡Por supuesto! Además, hacerlo es una forma de disfrutar más con lo que hago.
   b. Casi nunca me agradecen el esfuerzo que hago, así que me limito a hacer lo que me mandan y poco más.

7. **¿Trabajar durante todo el día supone un estrés considerable para ti?**
   a. A veces es agotador, pero en general puedo gestionar bien la tensión laboral.
   b. En general mi ocupación es muy estresante y no parece que vaya a cambiar el frenético ritmo de trabajo a corto o medio plazo.

RESULTADOS

Por cada respuesta A, suma 2 puntos. Por cada respuesta B, suma 1 punto.

- **Menos de 8 puntos.** El trabajo que desempeñas te está pasando factura. Apenas despierta tu interés e incluso llegas a sentirte incapaz de realizarlo como antes. Consulta las estrategias a seguir en el presente capítulo para evitar males mayores.
- **Entre 8 y 12 puntos.** Tienes un oficio estresante, pero de momento mantienes a raya la presión laboral. Puede que alguna vez hayas sufrido angustia a causa del exceso de trabajo y te hayas planteado bajar el ritmo o incluso cambiar de actividad.
- **Más de 12 puntos.** Te gusta y disfrutas con tu trabajo. Aunque a veces resulta muy exigente, el esfuerzo y la implicación merecen la pena y los resultados te resultan muy gratificantes.

APÉNDICE

La autoestima en la etapa final de la vida

La vejez no depende de la edad, pues hay una vejez biológica y una psicológica, sino de las ilusiones por cumplir. La frontera es la siguiente: *una persona es vieja cuando empieza a mirar más hacia atrás que hacia delante,* cuando se centra más en los hechos pasados que en los proyectos futuros. Eso es la vejez, una persona en quien la mirada hacia delante ya escasea.

Una viajera de 80 años

Es paradigmático el caso de una paciente que, de los 80 a los 85 años, ha viajado mucho a pesar de que ha padecido cáncer de piel. Conchita es una fuera de serie. Nuestra relación ha ido creciendo. Va más allá de la relación médico-enfermo; yo he aprendido mucho de ella. Se crece ante la adversidad con una alegría juvenil.

Con 80, yo le pregunté: «¿Qué te gustaría hacer?».

Ella es una mujer religiosa y me dijo que le gustaría ir a Israel, así que le dije que íbamos a organizarlo y hablé con uno de sus hijos. Finalmente fue a Israel, y para ella fue un descubrimiento pisar Tierra Santa, estar en Galilea, en Tel Aviv, en Jerusalén... Y, como además es una persona bastante culta, tenía mucha información sobre lo que iba a ver.

Es una mujer que tiene un fondo de ansiedad, así que al regresar del viaje me dice: «Ahora me gustaría conocer el Adriático», así que le respondo que haga un crucero, que hay muchos por esa zona, y puede ir directamente a Roma y después el crucero la irá llevando. Se lo dice a uno de sus hijos y este la acompaña.

Al año siguiente me dice: «Me puedo morir cualquier día y antes quiero hacer el bien que pueda antes de marcharme, procurar por mis nietos y mis hijos, pero también quiero aprovechar bien la vida y me gustaría conocer el sur de América, los canales de Tierra del Fuego».

Nos metemos en Internet y encontramos unos cruceros que atraviesan toda esa zona. Pero en esta ocasión no puede ir nadie con ella, así que decide irse sola. Llega al barco y el capitán le dice que ella no puede ir a las excursiones si no va acompañada, porque van a cruzar por hielos centenarios, desfiladeros con paredes heladas y es algo peligroso. Ella le dice que quiere ir y que firmará un consentimiento. El capitán termina por hacerse amigo suyo y le deja su camarote, *usted se queda en mi camarote y yo me voy con el segundo de a bordo.*

Me cuenta que en las cenas disfrutaba mucho, porque le explicaba a la gente que quería aprovechar los años que le quedaban de vida. A sus 85 años, ahora prepara un viaje para ver las Rocosas.

En el extremo opuesto tenemos a una mujer que acude a mi consulta y que es profesora de literatura. Tiene 73 años, es soltera y viene con su hermana, que está casada. A esta mujer le pasa justo lo contrario: está muy centrada en sí misma, se siente muy cansada y tiene un fondo de ansiedad, pero cualquier cosa que vaya a hacer, ir al cine, merendar, dar un paseo..., lo hace con miedo de caerse, de coger frío....

La importancia de las creencias

Es muy importante preparar bien la vejez. Los dos grandes inconvenientes de esta etapa de la vida son la soledad y la inactividad. De hecho, también en las personas de mediana edad que no hacen planes, cuando llegan las vacaciones, la ausencia de gente y la falta de actividad hacen que se abran puertas al pasado, por donde aparecen espectros amenazadores, recuerdos negativos, sentimientos de culpa...

Por eso es esencial que el final de la vida te coja con ilusiones, con proyectos. La tercera edad debe estar marcada por la serenidad y la benevolencia. Es decir, capacidad para ver las cosas con paz, con tranquilidad y, por otra parte, capacidad de disculpa, sobre todo para disculparse a uno mismo de los errores, de los fallos que pueda tener.

Hoy tenemos a abuelos muy jóvenes, con sesenta y tantos años, y un aspecto estupendo, ya que hacen deporte y están físicamente muy bien. Se encuentran con plenas facultades físicas y psicológicas.

Al cuidado del cuerpo, a través del ejercicio y la buena alimentación, habría que sumar la importancia de las creencias. Nadie quiere irse de este mundo, ya que no sabes qué te vas a encontrar, por eso las personas que cultivan la fe están más preparadas para la etapa final de la vida. Es muy importante la formación espiritual.

La espiritualidad es un alimento muy necesario para momentos de confusión, de enfermedad, de pérdida... Cuando fallece un familiar, cuando muere un padre o un amigo de cáncer, la espiritualidad es lo que puede dar un sentido a la relación que ha habido con esa persona.

Como terapeuta, cuando visito a enfermos terminales con pánico a la muerte, lo que hago es explicarle: primero, que hoy con todos los medios que existen se atenúan los síntomas físicos y psicológicos; y, después, la posibilidad de sumarse a una creencia si no la tiene, nunca es tarde.

El final de la vida tiene un fondo dramático, porque no volvemos aquí, y al mismo tiempo tiene un fondo incierto, ya que no sabemos del qué hay después. El budismo habla de la muerte como reposo, paz. Mientras estemos aquí, yo digo a mis pacientes: «*Carpe diem*, aprovecha el día, dedica tu tiempo a los nietos, disfruta».

Aquellos que están en ese momento «final» de la vida necesitan llenar su tiempo libre con lecturas que les entretengan, por eso a menudo les doy referencias de biblioterapia.

BIBLIOTERAPIA

La biblioterapia funciona muy bien en personas encalladas en el pasado o en momentos negativos de cualquier índole, porque la ficción los arranca de ese momento. Mis recomendaciones son:

- *Ficción*: *Me hallará la muerte*, de Juan de Prada; *El tiempo entre costuras*, de María Dueñas; *La sombra del viento*, de Ruiz Zafón; *La catedral del mar*, de Ildefonso Falcones; *El padre Elías*, de Michael O'Brien.
- *No ficción*: *El hombre en busca de sentido*, de Viktor Frankl; *Cinco panes y dos peces*, de Nguyen Van Thuan; W. W. Dyer: *Tus zonas erróneas*; Rafaela Santos: *Levantarse y luchar*; Dominique Lapierre: *Un arco iris en la noche*; B. Pascal: *Pensamientos*; C. W. Leadbeater: *Las enseñanzas del Buda*; C. S. Lewis: *Cartas del diablo a su sobrino*, y otro muy didáctico: *Los cuatro amores*; Tomas Moro: *Escrito desde la prisión*, excepcional, y además: *La correspondencia de Tomás Moro*; Baltasar Gracián: *Aforismos*; César Vidal: *Diccionario de las tres religiones monoteístas*..., y un cierto etcétera en una dirección parecida.

Una problemática de la tercera edad: la despedida de Mercedes

Tengo una paciente con 78 años que he visto primero de forma muy continuada y después intermitente. Llegó a mi consulta con una depresión reactiva y una crisis conyugal profunda. Ha tenido varios hijos y dos de ellos no han estudiado pese a tener oportunidades. Uno de ellos se ha separado.

Mercedes ha tenido una vida muy dura. Ha visto muchas cosas negativas, por lo que le hice una terapia integral, que ensambla: farmacoterapia (medicación), psicoterapia (pautas de conducta), socioterapia (relacionarse), laborterapia (actividades) y biblioterapia.

Con 62 años ya hice una terapia conyugal conjunta y conseguí que los dos fueran capaces de perdonar errores y fallos, a partir del realismo. La relación se entonó y ha funcionado desde entonces.

Ha ido pasando el tiempo y he visto a algunos de sus familiares. Hasta que un día me llama uno de sus hijos para anunciarme que «mi madre se va». Me explica que ella tiene cáncer con metástasis y quiere despedirse de mí.

Voy a verla una mañana al hospital. La veo en la cama, entubada y escuálida. Le tengo cogida la mano mientras hablamos. Me dice que me estaba esperando y yo respondo: «Sabía que estabas delicada, pero no sabía que estabas así», con un lenguaje que pasa por encima de los grandes conceptos negativos.

Estoy con ella tres cuartos de hora cogiéndole la mano y me dice: «He estado haciendo resumen de mi vida. Tú la conoces bien porque te lo he contado todo y quería despedirme de ti porque me has ayudado mucho. Me has ayudado a entender que la vida no es solo que las cosas salgan bien o mal, sino tener una misión trascendente. Y sin hablarme nunca de Dios directamente, sí lo he encontrado en tus libros».

Y después de quedar un rato callada, llorando, me pregunta: «¿Qué crees tú que es la muerte? Porque he sufrido tanto...».

Le digo: «El paraíso es como un día pacífico en el campo».

Y ella continúa preguntándome: «¿Cómo crees que es la agonía?»

Le respondo: «La agonía es un tránsito. Dios te espera al otro lado. Acuérdate del buen ladrón...».

Le tengo cogida la mano y una de sus hijas está con nosotros.

Me dice ella: «Dime algo doctor...».

Le digo: «Ten paz interior». Y le invito a repetir una jaculatoria que me había dado un amigo, sobre el abandono en manos de Dios...

Me vuelve a decir: «Qué paz me da eso me ha has hecho repetir...»

Mercedes se va quedando tranquila y yo le digo que me tengo que ir porque tengo consulta, pero le repito: que estés tranquila, que todo va a ir bien.

Vuelvo a la consulta muy impresionado. En esta sociedad nadie tiene tiempo para nadie. A las siete de la tarde me llama uno de sus hijos para decirme que su madre había muerto en paz.

ANEXO
Las etapas del amor

Recibo una paciente, una señora de cuarenta y tantos años, de Barcelona. Ha crecido con cuatro hermanos, dos chicos y dos chicas. La mujer tuvo dos matrimonios y casi cinco parejas, un exponente muy interesante de lo que está sucediendo ahora en la sociedad.

Ella es hija de un hombre de negocios de Barcelona. Se casó con 20 años, con un chico de 23, y haciendo retrospectiva se da cuenta de que por aquel entonces no estaba preparada para casarse. Mucho más adelante, al romper con otra pareja entiende que, casi con 50 años y con cuatro hijos, dos del primero y dos del segundo, para lograr una relación duradera es muy importante tener claras las etapas del amor.

El *enamoramiento*, según expone Francesco Alberoni en su libro *Enamoramiento y amor*, es una etapa de deslumbramiento. Ortega y Gasset en *Estudios sobre el amor* lo describe como un trastorno de la atención. Y Julián Marías en *La educación sentimental* analiza en un recorrido por la historia y las estirpes del amor que el enamoramiento supone una adhesión y un apego que es irrevocable. Yo mismo me he ocupado de esto en mi libro

El amor: la gran oportunidad como un chispazo que ilumina el pasado y se enfoca sobre el futuro, esto último lo digo yo. *Enamorarse es decirle a alguien: no entiendo la vida sin ti, eres parte fundamental de mi proyecto*. En una palabra: *eres mi vida*. Y Jean Guitton, en su texto *Cuando el amor no es romance*, nos recuerda que en la falda del amor está la vinculación, que forman un tejido en el que nos sentido atrapados.

Enamorarse es construir una mitología privada con alguien. Pero a esa primera etapa del enamoramiento, que dura un tiempo breve —pueden ser dos meses, seis...— y se da en los primeros compases de la pareja o el matrimonio, le sigue una etapa en que la pasión baja de nivel. Aparece entonces una época en la que la afectividad deja paso a la inteligencia o al espíritu crítico de la razón.

Esta segunda etapa cumple un papel importante, por lo que no hay que desesperarse, al igual que no hay que emocionarse con la primera. Ambas tienen mucha trascendencia.

Últimamente he leído a André Comte-Sponville, un filósofo francés que ha publicado un libro que se llama *El amor, la soledad*, donde viene a decir que la soledad es importante y necesaria, porque solo la soledad nos da un encuentro con nosotros mismos y nos hace capaces de encontrarnos con el otro.

Esta etapa es muy importante llevarla bien, sobre todo para los tiempos que estamos viviendo, en los que todo va demasiado deprisa. Estamos en el tiempo de la *fast food*, de la comida rápida, de manera que todo invita a convertir los grandes temas en transitorios, en pasajeros, esporádicos... En la segunda etapa del amor hay que fundamentar; seguir un poco lo que decía Séneca en su libro *La felicidad* nos da la siguiente leyenda: *substine et abstine*, soporta y resiste con fortaleza.

Luego viene una tercera etapa muy diferenciada en el momento en que *llega un hijo*, cuando los temas de conversación habituales ya no son la pareja, que renuncia un poco a sus necesidades individuales y centra la máxima atención en la crianza y en la educación de los niños. Esta es una etapa más tranquila, más desapegada. Uno se entrega a una persona que es muy débil, muy dependiente, y se pone todo al servicio de ese retoño. Es un periodo de generosidad conjunta hacia el nuevo ser que ha llegado. Suele ser conflictiva para muchas parejas, porque de repente pierden una intimidad que tenían —ir a cenar, al cine, charlar mucho...—, todo se desvía hacia una tercera persona.

Hay hombres que lo llevan muy mal porque creen que pierden privilegios, atención o romanticismo en la pareja, y es cuando dicen cosas como: es que nunca salimos solos. También pueden aparecer conflictos por desacuerdos sobre la educación o en el reparto de obligaciones domésticas. Para que una pareja funcione bien, hay que comprender la evolución de *las etapas de la vida afectiva* y para ello tiene que haber *una buena relación entre proximidad y distancia*, buscar un punto medio, que es la gran operación sentimental, establecer una comunicación de ideas y un respeto al espacio y a los contenidos del otro..., pero no estando ni demasiado cerca ni demasiado lejos.

Esa es una cuestión muy importante: no querer cambiar al otro en lo sustancial, aunque sí trabajar unas normas de convivencia; esta es una de las cuestiones más laboriosas. Se sabe que la convivencia exige unas reglas y unas normas, algo que está dentro de lo que se llama asertividad, es decir, la habilidad para comunicar nuestras necesidades.

Amor y literatura

El siglo XVIII ha estado muy centrado en los grandes temas de carácter racional, el *Espíritu de las leyes* de Montesquieu, el *Emilio* de Rousseau... La Ilustración fue propiamente francesa. En España solamente tenemos a un personaje importante, que es Jovellanos, un autor provinciano. ¿Y quién conoce hoy a Jovellanos en España? Pues los alumnos en Asturias y algún profesor que le guste. Del XVIII al XIX hay un cambio fundamental en la educación de la afectividad, que es el Romanticismo, cuando aparecen varios autores, como Pérez Galdós, el gran autor de la afectividad del siglo XIX.

Hoy nos encontramos con que la novela española del siglo XXI es de más calidad. Tenemos un tratamiento de los temas afectivos en un lenguaje mucho más moderno.

Sí que hay que destacar en el XIX la novela de Juan Valera *Pepita Jiménez*. Narra la vida de un chico joven que se enamora de la novia de su padre, una joven viuda —su padre también es viudo—. Es un libro donde se ve cómo los sentimientos se cuelan, se traspasan, sin poder evitarlo. Es muy interesante en este sentido. También tenemos la gran novela de Clarín, *La Regenta*, una novela de corte provinciano situada en Asturias, que utiliza muy bien los sentimientos, es decir, cómo se mueven, cómo aparece el amor, la sugestión, el quedarse fijado en otra persona.

En el siglo XX dos grandes conceptos han seguido líneas paralelas. Por un lado tenemos el componente intelectual, el de la razón, y por otro lado el componente relativo a la afectividad.

La llegada de la inteligencia emocional

Y es justamente a finales del XX cuando han aparecido un aluvión de libros sobre este tema. Uno de estos autores es Daniel Goleman, que hacía unas gacetillas en el *New York Times*. Este psicólogo empezó a escribir sobre la inteligencia y la afectividad, y tuvo la fortuna de elaborar un concepto que es la inteligencia emocional, el cual se ha desarrollado *a posteriori* de forma más conceptual: *la capacidad para conjugar al mismo tiempo estos dos grandes ingredientes: razón y afectividad.*

Estamos acostumbrados a una vida inteligente donde lo racional es fundamental, muy centrado en lo económico, y en donde lo afectivo y el componente espiritual casi desaparece. Sobre todo en las grandes naciones, como en los Estados Unidos, que generan un tipo de hombre fundamentalmente frío y poco preparado para el terreno afectivo y han dado lugar a unas situaciones cataclísmicas que han hecho que estos temas, en todo el mundo, se retomen. Este es un asunto importante dentro de la prevención de los amores erráticos. Hoy tenemos una tendencia a medirlo todo. Hay dos personajes en la psiquiatría americana, Gottman y Silver, que han diseñado escalas de evaluación que miden, registran y cuantifican en parámetros psicológicos la posibilidad de hacer un balance previo para saber si puede durar o no tu relación de pareja. Sus instrumentos de medida son preguntas que se valoran de 0-3 o 0-4 en cada cuestionario para medir la capacidad para amar. Su libro *Siete reglas de oro para vivir en pareja* es un manual ciertamente muy provechoso.

Yo mismo tengo una escala para medir la ansiedad. Tiene cinco dimensiones, y cada dimensión o vertiente tiene a su vez diez u once preguntas: cómo es la ansiedad desde un punto físico, psicológico, social... Y en cada una de ellas hay una serie de preguntas que calibran, por ejemplo, la ansiedad física (taquicardia, dificultad respiratoria, presión precordial), la ansiedad cognitiva o intelectual (anticipación a negativas, vivir siempre empapado del futuro temeroso e incierto, malos presagios).

Estos autores trabajan con la capacidad para medir las posibilidades de éxito de una pareja. Gottman dice que a él le bastan diez o quince minutos con una persona para hacerle una serie de preguntas y pronosticar con un índice de éxito del 89,1 por ciento si su pareja va a funcionar o no[1].

El amor en la madurez

Se ha descrito desde hace ya tiempo el síndrome de los cuarenta, que hoy, con las expectativas de vida retrasadas hasta los ochenta y tantos, se alarga hasta los cuarenta y cinco. En esta etapa, en la pareja se hace arqueo de caja sobre cada aspecto de la travesía personal y colectiva. La relación rinde cuenta de su viaje y entonces entra en un análisis de los grandes asuntos, entre ellos el amor.

El amor necesita tanto de la pasión como de la paciencia y precisa tanto de momentos fuertes como de los momentos calmos.

La gente joven busca aventuras apasionantes, riesgos y retos por superar, mientras que, a medida que pasan los años, se buscan

---

1. Unas ideas para abrir boca al lector, llegado a este punto de mi libro. Se trata de siete sugerencias para mantenerse enamorado con el paso de los años:
    1. *Mantener la admiración por la otra persona*: a pesar de los mil y un avatares vividos, el otro sigue siendo valorado en sus principales segmentos.
    2. *Respeto mutuo*. De palabra y de hechos.
    3. *Tener un proyecto común*. Hay un programa conjunto que se prolonga en los hijos. Y eso no debe de perderse nunca de vista.
    4. *Complicidad*. Es un lenguaje subliminal entre la pareja que se cuela por los entresijos de esa relación, de forma clara una veces y camuflada otras.
    5. *Tener unas relaciones íntimas satisfactorias*. Es un lenguaje íntimo que va cambiando con el paso de los años, pero que debe tener su sitio.
    6. *Capacidad para perdonar al otro*. Perder es luchar por olvidar los sinsabores y dificultades vividos. La vida de la pareja no va bien sin buenas dosis de olvido. *El amor se perfecciona con el perdón*.
    7. *Cuidar los detalles pequeños de la convivencia con esmero de artesano*. Esto me parece de leyenda, emblemático. *El amor es la poesía de los sentidos; la inteligencia, la nitidez de la razón*. Por ahí asoma la ternura.

más experiencias moderadas en intensidad que tengan un componente más sólido y permanente.

En esa etapa de la vida aparece en la relación afectiva el cansancio, una cierta apatía...

Dice Andrew Wiles que *se reunieron los grandes sentimientos negativos para derribar al amor: el odio, la venganza, el rencor... y ninguno de ellos podía con el amor.* De una forma sigilosa, como una especie de iceberg, ha ido ganando terreno la rutina. La vida diaria, si no se cuida, produce un efecto cansino, de agotamiento, y entonces aparece ese síndrome, lo que yo he llamado en algún artículo el síndrome del penúltimo tren.

El síndrome del penúltimo tren

Este es un acontecimiento de carácter sentimental que da lugar a que el hombre —pues se da más en el hombre que en la mujer— revise un poco su vida afectiva y entonces sufre una especie de *flashback*, de resumen, y le dice a su mujer: «Te quiero mucho, pero no estoy enamorado de ti», «Eres buena madre, pero a mí me cansas», «Valoro tu actividad como madre y esposa, tu trabajo, pero la vida se pasa y quiero tener otras oportunidades afectivas».

En ese momento la persona se plantea romper su relación afectiva o incluso mantener su relación afectiva de siempre y otra añadida paralela. Es como si se produjera una segunda juventud.

A esos cuarenta y cinco, más o menos cincuenta, el hombre entra, por decirlo de una manera económica, en el mercado afectivo y se da cuenta de que todavía tiene éxito y capacidad de conquista, pero además cuenta con más medios, con más solidez económica, por lo que aparece una segunda juventud afectiva con unos matices importantes en la permisividad y lo relativo, porque, si todo está permitido y todo es relativo, una relación puede ser rota sin ningún punto de dramatización.

Si esa etapa se solventa positivamente, aparece una nueva etapa a partir de los sesenta y cinco en la cual el hombre ve la vida con una perspectiva mayor.

La educación para el amor

Se ha dicho muchas veces que amar es mirar juntos en la misma dirección, por eso en el amor tiene que haber mucho proyecto común. Hoy vivimos en la exaltación de la eterna juventud. Un ejemplo de esto es lo que está ocurriendo con la cirugía estética, con una resonancia enorme en el mundo ahora mismo. Esto sería una suma del mito de la eterna juventud por un lado y por otro la exaltación del cuerpo.

Uno de los asuntos de los que más se ha preocupado la psicología reciente es el de la educación para el amor, una asignatura que ha estado desdibujada. Falta una educación para el amor.

Es interesante consultar autores recientes. Un buen ejemplo es José Antonio Marina, un filósofo español que tiene varios libros sobre este tema, como *El laberinto sentimental*. Hay un libro suyo anterior sobre la inteligencia donde dice que la inteligencia se entiende como fluir en lo espeso, la claridad, cómo el corazón tiene razón.

Hoy, ante la explosión de rupturas han cambiado todos los conceptos. Más que de matrimonios se habla de parejas. La palabra *matrimonio* tiene más solidez, es más clásica, mientras que la palabra *pareja* es más romántica. La transición, los cambios, las dificultades parecen parte de una relación de matrimonio.

La etapa de la serenidad

La madurez se vive de maneras muy diferentes según cómo se haya cuidado la persona. Hay hombres entre cincuenta y sesenta que son muy juveniles, y otros que tienen muchos achaques. Es una etapa de preparación. Hoy mucha gente se jubila a los sesenta, serían los últimos diez o doce años en activo de una persona, en los que ven como los hijos se van emancipando.

Aquí podríamos hablar del *síndrome del nido vacío*.

La madurez es una etapa de más serenidad, de más síntesis, de aplicar la experiencia a la vida diaria, del cuidado del cuerpo. Las personas de cincuenta y sesenta se cuidan más que alguien de veinte, vigilan la alimentación...

Yo tengo una encuesta que he realizado a partir de 600 encuestados en la que me he encontrado revelaciones importantes. Se trata de una encuesta sobre los cinco sentidos o palabras que indican la felicidad.

En los jóvenes, por ejemplo, no aparece la palabra *salud*. Es entre los cincuenta y sesenta cuando aparece ese término. La pregunta es «Dime cinco palabras que para ti signifiquen la felicidad», y responden: «*amor, paz, alegría...*» Pero a partir de los cuarenta años aparece la salud, antes es la gran ausente.

Es importante ver cómo la madurez es la consolidación de uno mismo en la que aparecen los grandes temas, tales como el amor, la familia, el trabajo, la economía, la cultura, la amistad. Las seis grandes claves.

Vivimos en una cultura divorcista, algo que lleva a que sea muy común el cambio de pareja y todo lo que esto trae consigo. Al hacer una retrospectiva en la madurez, cobra gran importancia la vida afectiva.

Entre los hombres, como la vida afectiva ha sido muy descuidada hasta hace poco, no se hace balance de esto, ya que se centran en el trabajo, lo económico o la amistad.

Durante esa etapa hay muchos sabores agridulces, a menos que haya habido mucha coherencia de vida. Yo he hablado mucho sobre los cuatro valores que más cotizan: *la alegría, la amistad, la integridad y la felicidad.*

El hombre entre los cuarenta y cinco y los sesenta años recoge los frutos de lo que ha sido su vida profesional. Los médicos, por ejemplo, tienen ya un prestigio, un arquitecto o un profesor ha llegado ya al punto donde puede llegar. Esa etapa de recoger frutos y del reconocimiento tiene e interés intelectual, de formación, de socialización.

Las mujeres de cincuenta a sesenta años saben sociabilizar mucho mejor que las de veinticinco. Tienen ya el arte de la conversación. El papel que ha tenido la mujer en la sociedad sigue cuidando todavía de las generaciones anteriores y posteriores. Hacen balance emocional de lo que ha sido su vida, de lo que están contentas y de lo que están descontentas.

El hombre siempre está un poco más enfocado en la carrera, y la mujer a la afectividad, los sentimientos...

Internet

Hay una gran influencia del medio en el que se conocen hoy en día las personas: las redes sociales. Esto ha hecho que hoy todo sea muy rápido y que, en especial, las personas que no tienen pareja tengan la sensación de que acuden a un supermercado, donde la gente está ahí para conocerse, e inmediatamente conciertan tres o cuatro citas para esa semana. Eso ha acelerado el proceso entre el romance y se han olvidado los placeres de conocerse.

Hay parejas que se forman en una semana y que al cabo de tres semanas ya no existen. Todo es mucho más volátil ahora mismo. Justamente la facilidad.

Antes una persona tímida tenía mucha dificultad para intimar con una persona del sexo opuesto y ahora a través de Internet es más fácil charlar, quedar, y eso ha hecho que se disperse mucho.

El problema es que cuando alguien entra en las redes sociales se plantea una relación de conocimiento inmediato: uno con una ahora. Mientras que antaño el conocimiento era mucho más amplio, en el sentido de que no era «a ver qué tal con esta persona», sino que estabas en un grupo de gente en el que había relaciones y amistad, y hoy ya no. Desde el primer momento no hay que decepcionar al otro y hay que poner todos los medios de entrada.

En el arte de la conquista rápida no se contempla lo laboriosa que es la convivencia. Exige mucha paciencia y mucho temple. Muchos sacrificios. Estar mucho tiempo junto con la pareja. Depende mucho de la paciencia, no desesperar con los momentos malos. Hoy día la gente lo quiere todo sin esperar.

El amor en la sociedad actual

Ha habido muchos cambios hasta llegar a la sociedad del siglo XXI. Lo positivo es que, hasta hace unos años, las mujeres hablaban siempre de sentimientos, de los hijos, del marido, de la educación... Mientras que los hombres hablaban de negocios, de deporte, o de política, de economía, pero no trataban estos temas. Y hoy se ha visto que es un error pensar que el mundo afectivo es privativo de la mujer.

Lo que vemos ahora es que el hombre se ha feminizado mucho, sobre todo los hombres jóvenes, que son mucho más afectuosos que los de antes. A veces te sorprende, pero te presentan a un hombre de treinta años y te da dos besos, que eso era antes impensable y ahora se hace.

Por otra parte, muchas mujeres van al fútbol, cuando antes los acontecimientos deportivos eran casi exclusivos de hombres. Yo diría que ahora a un 50 por ciento de las mujeres les gusta mucho el deporte, les interesa, tienen interés también en desarrollar carreras profesionales, son competitivas, buscan ascender. Se está mezclando el abanico de intereses entre los dos géneros y cada vez confluyen más.

La sexualidad duradera

Hay que enseñar a vivir la sexualidad de una forma intensa, pero no tan inmediata. En muchas parejas que no funcionan bien suele suceder que la sexualidad ha desaparecido. Para que esta dimensión funcione tiene que haber unos acuerdos previos, unas condiciones previas.

La sexualidad sana en una pareja está integrada en el proyecto común y ahí existen acuerdos de frecuencia e intensidad, es algo muy personal. El amor necesita tanto de la pasión como de la paciencia. Hay que evitar que las relaciones sexuales siempre sean a la misma hora, el mismo día, del mismo formato, etcétera.

El peor enemigo del amor es la rutina. Rutina es dejadez, desidia, abandono, no cuidar el detalle, la falta de comunicación.

Un caso de distancia en la madurez

Me llega un señor de 64 años, ingeniero, su mujer es médico. Viene a la consulta porque me pide que hable con su mujer, ya que ella quiere separarse. Él no entiende qué ha pasado. Me doy cuenta de que él quiere una mujer que sea como una *geisha*, una mujer entregada que se dedique al hombre; sin embargo ella ejerce de médico y necesita su propio espacio y se ha cansado de las necesidades de su marido.

Cuando hablo con ella, me explica que su marido es un narcisista que solo piensa en sí mismo, que ya se habían separado en una ocasión y que para ella habido sido una etapa en que estuvo muy tranquila. Dice que él en la cercanía la trata mal y en la distancia la valora. Ella no le desea ningún mal. Me responde que lo pensará unos días, pero finalmente me dice que no, que lo ha pasado muy mal y que definitivamente se va a separar.

A cierta edad cambiar una conducta solo es posible si hay una motivación muy fuerte. Ella está decepcionada. Para un hombre de esta edad será duro acostumbrarse a la nueva situación después de tantos años de convivencia.

La mujer tiene mucha más claridad en relaciones sentimentales que el hombre, entiende mucho mejor las relaciones, es más compleja en su conducta, pero tiene más el entramado del mundo sentimental. Muchos hombres son planos.

Conclusiones

En la adolescencia, el amor es muy diferente entre los chicos y las chicas. Ellas se sienten atraídas por los personajes más fuertes del grupo, los más transgresores. Con el tiempo aprenden a distinguir sus prioridades, alrededor de los 24 o 25 años, y empiezan a mirar con otros ojos a los chicos más bondadosos y tranquilos, pues su visión sobre el amor empieza a verse desde la perspectiva del amor a largo plazo.

En la edad adolescente el amor es un descubrimiento, un impulso, incluso una exploración. Al inicio de la edad madura, aunque la mujer quizás no piense en ser madre, sí quiere crear un nido con una persona y, a la larga, necesita estabilidad, que la escuchen, que la sepan animar.

Considero que el gran valor de un hombre hacia una mujer es la seguridad que este muestra. Los hombres inseguros resultan muy poco atractivos, y eso sucede a cualquier edad.

El hombre adolescente es más enamoradizo, tiende más al amor platónico y a imaginar cosas, pues tiene menos recursos personales y físicos para la seducción. Sus impulsos sexuales son muy fuertes, pues no tiene las herramientas para canalizarlos.

El hombre ante todo es cazador y tiende a la conquista. Existe toda una estrategia en la conducta que está más ligada a la apariencia que a la realidad. Es un juego que está más en relación con lo externo que con lo interno.

A los 25 años, los hombres prefieren ir de flor en flor. La pareja establecida y el amor consolidado aparecen por atracción mutua intelectual y física. Con los años, aunque se pierde la capacidad de sorpresa e improvisación, se gana en confianza y en complicidad, desarrollando la pareja un código propio donde a veces una mirada es suficiente para comunicarse. Lo que fue una atracción y un impulso, va trasmutando en amistad de largo recorrido y con proyectos comunes. Más aún cuando llegan los hijos.

La pareja, después de muchos años de estar juntos, encuentra un tema común donde poder volver a encontrarse, sobre todo cuando sus vidas laborales son intensas y diferentes. Lo que suele decirse de que los hijos separan es falso, he observado que sucede lo contrario. Se crea un territorio común en el que se actúa por el bien de un tercero. Los problemas y egoísmos de cada uno tienden a rebajarse considerablemente y las prioridades de cada uno quedan en segundo plano y se invierte en el bienestar de esa persona.

Uno se mantiene enamorado con el paso de los años a través del cuidado de los detalles, de no dejar que cuestiones que pueden generar rencor se enquisten, intentando sorprender con pequeños gestos, no albergando un catálogo de resentimientos, midiendo el lenguaje, abordando al momento los temas importantes.

Hoy en día la falta de paciencia hace mucho daño a las parejas. Hay gente que a la segunda discusión se separa, pues el umbral de tolerancia ha bajado muchísimo. Antes, después de una mala época, solía llegar una buena, hoy día después de una mala época las parejas parten peras.

Recapitulando, el amor en la juventud es como una inyección de adrenalina, lleno de emociones fuertes; a menudo en esta fase se sufre más que se goza.

El amor maduro no tiene esas subidas tan fuertes de adrenalina, es más mesurado y placentero, sin sobresaltos. Hay más realismo, aprendemos a adaptarnos, ya no vivimos en una montaña rusa de emociones. El amor de la persona mayor se basa sobretodo en la complicidad y el silencio.

Hoy en día sucede un fenómeno singular debido a la mayor longevidad y a la jubilación avanzada, que se agrava si además la pareja vive en un espacio muy pequeño: las separaciones y divorcios en edades tardías. El hecho de no tener vidas separadas por el trabajo hace que la cantidad de tiempo y roce de una pareja pueda volverse muy irritante.

Es básico que se sepa respetar la identidad del otro, con su parcela privada. Otra cosas muy importantes en la pareja es tener un fondo espiritual común. Tengo unos cincuenta o sesenta artículos recogidos que hablan sobre la relación entre espiritualidad, religión y estabilidad conyugal. En un país como Israel, por ejemplo, no hay casi divorcios. Las parejas de mormones o los católicos practicantes suelen separarse pocas veces.

La tesis es que, si le quitamos a la relación conyugal una visión vertical o trascendente, pierde mucho. Al igual que si le quitamos la cultura, pues hay que saber que la afectividad se cultiva. El amor de pareja, si falla la cultura como libertad y conocimiento, puede fallar.

Actualmente la relación de pareja se basa en el hedonismo, a diferencia de antes. La ausencia de religión es una gran carencia, equivale a decir que te gusta todo menos leer.

El mundo de las redes digitales también ha influido mucho en que las parejas se separen. Se ha vuelto como un supermercado el hecho de poder conocer gente de la misma edad y con los mismos intereses, lo que lleva al planteamiento de que quizás nos podría ir mejor con este o con el otro. Hoy día contactar con gente desconocida es lo más sencillo, pero eso no quiere decir que se establezcan verdaderas relaciones.

Es fácil enamorarse y difícil mantenerse enamorado por la cantidad de matices que tiene este arte. Por eso es tan importante conocer *la secuencia de los sentimientos a lo largo de la vida* y cuidar cada etapa con atención y delicadeza, sin desfallecer. *Saber amar es saber mirar.*

BIBLIOGRAFÍA

ADLER, Alfred, *El sentido de la vida*, Ahimsa, Valencia, 2000.

ALBRECHT, Karl, *Inteligencia social*, Zeta Bolsillo, Barcelona, 2007.

ARGYLE, Michael, *La psicología de la felicidad*, Alianza, Madrid, 1992.

BROWN, Brene, *Frágil: el poder de la vulnerabilidad*, Urano, Barcelona, 2013.

COVEY, Stephen, *Los siete hábitos de las personas altamente efectivas*, Paidós, Barcelona, 2010.

CYRULNIK, Boris, *Los patitos feos*, Debolsillo, Barcelona, 2013.

FRANKL, Viktor, *El hombre en busca de sentido*, Herder, Barcelona, 2004.

GOLEMAN, Daniel, *Inteligencia emocional*, Kairós, Barcelona, 2010.

— *Inteligencia social: la nueva ciencia para mejorar la relaciones humanas*, Kairós, Barcelona, 2012.

GONZÁLEZ DE RIVERA, José Luis, *El maltrato psicológico*, Espasa, Madrid, 2005.

GOTTMAN, John M., y SILVER, Nan, *Vivir en pareja*, Debolsillo, Barcelona, 2010.

GROLLMAN, Earl A., *Explaining Death to Children*, Random House, New York, 2007.

JANOUCH, Gustav, *Conversaciones con Kafka*, Destino, Barcelona, 2006.

KILEY, Dan, *El síndrome de Peter Pan*, Vergara, Barcelona, 1987.

KRAMER, Peter D., *Contra la depresión*, Seix Barral, Barcelona, 2006.

KÜBLER-ROSS, Elisabeth, *La muerte: un amanecer*, Luciérnaga, Barcelona, 2011.

MARINA, José Antonio, *El laberinto sentimental*, Anagrama, Barcelona, 2000.

MARINOFF, Lou, *Más Platón y menos Prozac*, Ediciones B, Barcelona, 2010.

— *El poder del tao*, Ediciones B, Barcelona, 2011.

MASUELLO, Adriana S., *Introversión y extroversión*, www.grafoanalizando.com/PDF/INTROVERSION/EXTROVERSION.pdf.

MOIX, Jenny, *Felicidad flexible*, Aguilar, Madrid, 2011.

MOLIÈRE, J. B. Poquelin, *El enfermo imaginario*, Cátedra, Madrid, 1989.

MORO, Tomás, *Un hombre solo: cartas desde la torre*, Rialp, Barcelona, 1999.

NELSON, Bob, *1001 formas de motivar*, Gestión 2000, Barcelona, 2007.

NGUYEN VAN THUAN, François-Xavier, *Cinco panes y dos peces. Testimonio de fe de un obispo vietnamita en la cárcel*, Ciudad Nueva, Madrid, 2012.

ROJAS, Enrique, *Remedios para el desamor*, Temas de Hoy, Madrid, 2007.

— *El amor inteligente*, Temas de Hoy, Madrid, 2008.

— *No te rindas*, Temas de Hoy, Madrid, 2011.

SANTOS, Rafaela, *Levantarse y luchar*, Conecta, Barcelona, 2013.

STAMATEAS, Bernardo, *Autoboicot, cuando el tóxico eres tú*, Planeta, Madrid, 2011.

STEINBECK, Reinhold, «Building Creative Competente in Globally Distributed Courses through Design Thinking», *Comunicar*, 37, XIX, 27-34, 2011.

VALLEJO, Julio, *Estados obsesivos*, Salvat, Barcelona, 2006.

YARYURA-TOBIAS, José A., y NEZIROGLU, Fugen A., *Obsessive-Compulsive Disorders: Pathogenesis, Diagnosis, and Treatment*, Harcourt Brace, Boston, Tokio, 2007.

ÍNDICE ONOMÁSTICO

Adler, Alfred, 115
Alas, Leopoldo *Clarín*, 290
Alberoni, Francesco, 211, 287
Albrecht, Karl, 186, 187
Argyle, Michael, 17
Arnal, Javier, 143
Arntz, Arnoud, 194

Brown, Brené, 225

Carr, Deborah, 143
Ceaucescu, Nicolae, 197
Cervantes Saavedra, Miguel de, 212
Chávarri, Inés P., 143
Cid, Loreta, 143
Coccaro, Emil, 100, 101
Comte-Sponville, André, 288
Contreras, Liliana, 63
Covey, Stephen, 224

Cyrulnik, Boris, 196, 197

Darwin, Charles, 234
Dueñas, María, 284
Dyer, Wayne W., 284

Echeburúa, Enrique, 252

Frankl, Viktor, 181, 284
Freud, Sigmund, 15, 115, 193, 194

Goleman, Daniel, 187, 290
González de Rivera, José Luis, 258
Gottman, John M., 291
Gracián, Baltasar, 284
Gray, John, 108
Grollman, Earl A., 143
Guitton, Jean, 288

Hauck, Paul A., 108
Hobbes, Thomas, 244

Ibáñez Martínez, Núria, 273

Janouch, Gustav, 150
Jar, Nuria, 66
Jarman, Beth, 84
Jarque, Jordi, 108
Jovellanos, Gaspar Melchor de, 290
Jung, Carl Gustav, 56

Kiley, Dan, 131
Kramer, Peter D., 71
Kübler-Ross, Elisabeth, 140, 141

Land, George, 84
Lapierre, Dominique, 284
Leibniz, Gottfried, 174
Leonardi, María, 124
Lewis, C. S., 284
Leymann, Heinz, 259
López, Esther, 109
Lorenz, Konrad, 258

Mandela, Nelson, 16, 49
Marañón, Gregorio, 110
Marías, Julián, 287
Marina, José Antonio, 294
Marinoff, Lou, 232, 233

Masuello, Adriana S., 56
Miró, Joan, 85
Moix, Jenny, 232
Molière, 204
Montesquieu, 289
Moro, Tomás, 16, 284

Navarro, Julia, 222
Nelson, Bob, 180
Nesse, Randolph, 143
Nguyen Van Thuan, François-Xavier, 284

O'Brien, Michael, 284
Ortega y Gasset, José, 211, 287

Pablo, san, 16
Pascal, Blaise, 284
Peñas, Juan, 177
Pérez Galdós, Benito, 290
Piaget, Jean, 77, 78, 149
Pinti, Enrique, 124
Piñuel, Iñaki, 262
Platón, 17
Plotino, 177
Prada, Juan de, 284

Riso, Walter, 186
Rolandelli, Marina B., 53
Rousseau, Jean-Jacques, 174, 289

Ruiz Zafón, Carlos, 284

Santos, Rafaela, 73
Séneca, 17, 110, 199, 288
Silver, Nan, 291
Sócrates, 17
Stamateas, Bernardo, 27
Steinbeck, Reinhold, 84
Stendhal, 211

Valera, Juan, 290
Vidal, César, 284
Vilaregut Puigdesens, Anna Maria, 273
Voltaire, 17, 174

Weertman, Anoek, 194
Wiles, Andrew, 293
Wortman, Camille, 143

ÍNDICE TEMÁTICO

Actitudes motivadoras, 180
Actividades para ser feliz cada día, 17, 18
Adicción al trabajo, 247, 248, 251, 253, 255
  causas, 250
  medidas contra la, 253
  refugiarse en el trabajo, 250
  síntomas, 248
  test sobre, 254, 255
Adicciones, 25, 72, 133, 159-162, 164, 186, 248-252, 255, 274
  a Internet, 252
  a la comida, 161, 164
  al alcohol, 133, 160, 161, 163, 164, 274
  al móvil y a las redes sociales, 160, 163
  al sexo, 159
  consejos para superar las, 162
  hikikomoris, 252
  psicología del adicto, 160
  síntomas de alcoholismo, 160
  test sobre, 163, 164
Adolescencia, 13, 24, 33, 44, 53, 91, 122, 131-134, 136, 147, 150, 152-154, 156, 185, 213, 299
  amistad, 151
  calificaciones escolares, 149
  descubrimiento del cuerpo, 149
  emotividad, 150
  fobia a la escuela, 152
  fracaso escolar, 154
  madurez psicológica, 149

razón, 151
rebeldía, 153
voluntad, 151
Adulterio (véase también Infidelidad), 109
Adulto. Véase Edad adulta
Afectividad, 174, 175, 212, 288, 290, 291, 296, 302
Alegría, 16, 18, 65, 89, 124, 135, 139, 150, 151, 241, 242, 244, 281, 295, 296
Amistad, 18, 29, 86, 90, 91, 122, 124, 128, 148-150, 152, 213, 241, 242, 244, 295-297, 300
Amor, 17, 18, 82, 83, 86, 87, 90, 107, 110, 112, 121, 124, 127, 134, 135, 149, 150, 174-176, 178, 179, 190, 202, 210-213, 219, 225, 242, 287, 292-295, 297-302
 educación para el, 294
 en la madurez, 292
 en la sociedad actual, 297
 etapas del, 287
 inmadurez en el amor, claves contra, 135
 y literatura, 289
Ansiedad, 14, 31-35, 38, 40, 42, 43, 45, 46, 48, 49, 58, 65, 66, 100, 113-115, 117, 123, 125, 131, 132, 134, 155, 162, 171, 176, 186, 214, 215, 222, 239, 257, 271, 282, 291
 consejos contra la, 38
 crisis de, 33, 34, 155, 214, 215
 endógena, 32, 33, 41
 escala para medir la, 291
 existencial, 182
 exógena, 32, 33, 41
 plan de choque contra la, 34
 síntomas que precisan tratamiento, 33
Antidepresivos, 35, 72, 155
Apatía, 63, 171-173, 181, 182, 270
 causas bioquímicas, 172
 constructiva, 182
 definición, 172
 reactiva, 182
 test sobre, 183, 184
 trucos energizantes, 173
Aprobación ajena, 32, 54, 116, 117, 186, 188, 189, 191
 buscar la, 116, 189, 191
 consejos contra la, 189
 test sobre, 190, 191
Asertividad, 166, 167, 239, 240, 244, 248, 277, 289

claves para ser más
  asertivos, 240
consejos para la, 244
rasgos de la, 167
test sobre, 245, 246
Ataque de ira explosiva, 101
Ataque de pánico, 43, 45
  específico, 45
  espontáneo, 45
  medidas contra el, 45
Autoboicot, 26, 27
Autocontrol, 31, 104, 151
Autocrítica, 24, 26
Autoestima, 14, 15, 19,
  23-28, 30, 48, 52, 54, 74,
  120, 122, 123, 125, 126,
  134, 135, 147, 165, 166,
  168, 178, 185, 186, 209,
  211, 213, 215, 252, 262,
  266, 274, 277, 281
  baja, 23-25, 52, 54, 122,
    126, 165, 185, 186,
    252
  claves de la, 25, 26
  consejos sobre, 28
  educar a los niños con, 27
  en la adolescencia, 155
  en la infancia, 77
  en la madurez, 209
  en la vejez, 281
  test sobre, 29
Autorrelajación, 45, 46

Balance emocional, 296
Biblioterapia, 222, 284, 285
Bulling, 13, 23

Caras de una persona, 180
Chequeos psicológicos, 16
Complejos, 24, 27, 30, 31,
  78, 83, 113, 115, 116, 118,
  120, 122, 126
  como herramienta de
    superación, 115
  consejos contra los, 118
  de inferioridad, 115, 116
  de superioridad, 178
  test sobre, 119, 120
Comportamientos
  nutritivos, 187
  tóxicos, 187
Conducta
  agresiva, 166, 167, 262
  asertiva, 166
  pasiva, 166, 167
Culto al cuerpo, 116, 117, 294
  insatisfacción corporal, 117
  síndrome de Adonis
    (vigorexia), 117
  síndrome del cuerpo
    perfecto, 117, 118
  tanorexia, 117
Cultura, 18, 28, 63, 83, 86,
  168, 176, 213, 214, 232,
  234, 271, 295, 302
  del esfuerzo, 28

Dependencia
  al prójimo, 25
  de las opiniones ajenas, 185
Depresión, 35, 55, 61-73, 100, 101, 104, 113, 114, 124, 140, 141, 144, 152, 172, 285
  abandonar el tratamiento, 73
  atípica, 65
  clasificación, 32
  crónica (distimia), 64-66
  doble, 65
  estadísticas de la, 65
  severa (trastorno depresivo mayor), 64, 65
  test sobre, 73-75
Depresión endógena, 55, 61-64, 66
  brotes de insomnio tardío, 63
  causa, 62
  consejos contra la, 66
  síntomas, 62, 63
  sintomatología física, 62
  tendencia suicida, 62
Depresión exógena, 64, 67, 68, 72, 73, 141, 152
  causas, 68
  consejos contra la, 73
Dismorfofobia, 114, 177

Dominio de las emociones, 46, 102
Duda patológica, 24

Edad adulta, 57, 64, 77, 131, 195
Enamoramiento, 90, 148, 211, 212, 287, 288
  cómo mantenerlo, 210, 301
  encontrar a la pareja adecuada, 123, 124
  síntomas, 212
Estrés, 14, 32, 35-37, 39, 40, 48, 75, 172, 250, 267-270, 275, 278
  distrés, 35, 36
  eustrés, 35, 36
  hiperestrés, 268, 269
  medidas prácticas para lidiar con el, 36
  test sobre, 39
Etapas de la vida, 18, 19
Exaltación del emotivismo, 212
Éxito, 28, 122, 162, 168, 177, 178, 180, 235, 265, 277, 293
Extrovertidas, personas, 56

Felicidad, 16-18, 110, 125, 150, 159, 244, 255, 275, 288, 295, 296

elementos fundamentales
de la, 18
Fobia
a conducir, 41, 43
acluofobia, 44
acrofobia, 44
aerofobia, 44
agorafobia, 43, 44, 46, 252
antropofobia, 43, 215
aracnofobia, 44
causas de la, 43
claustrofobia, 43, 44, 215
consejos contra la, 47
gerascofobia, 44
hemofobia, 44
necrofobia, 44
social, 56, 166
sociofobia, 44
test sobre, 48, 49
Fracaso, 15, 26, 27, 68, 93,
121, 132, 144, 152, 154,
155

Hiperactividad, 155
Hipersensibilidad, 52, 53, 55,
179, 244
en la infancia, 53
en la madurez, 53
personalidad hipersensible,
53
Hipocondría, 203-206, 208,
215
causas, 205
consejos contra la, 206
definición, 204
test sobre, 207, 208

Infancia, 13, 24, 27, 53, 64,
77, 80, 82, 86, 99, 147,
148, 166, 193, 197, 223
Infidelidad, 108-112, 132
consejos contra la, 110
test sobre, 111, 112
Inseguridad, 33, 120, 165,
166, 168, 170, 225
causas, 166
medidas contra la, 168
test sobre, 169, 170
Integridad, 241, 244, 296
Inteligencia, 40, 82, 151, 153,
154, 186-188, 199, 200,
213, 288, 290, 292, 294
emocional, 151, 188, 290,
291
en la adolescencia, 154
monárquica, 154
oligárquica, 154
social, 186, 187
Internet y redes sociales, 109,
110, 121, 122, 154, 160,
163, 180, 206, 207, 252,
282, 296, 297
relaciones *online*, 109
Introversión, 56, 252

Ira, 99-102, 104, 106, 133, 140, 269, 274
　consejos contra la, 104
　test sobre, 105, 106
　trucos prácticos, 102

Juventud, 13, 44, 117, 132, 134, 152, 293, 294, 301

Laborterapia, 72, 285
Logoterapia, 171, 181, 182
　pilares de la, 182

Macrotraumas, 24, 68, 73
Madurez, 13, 14, 53, 55, 70, 71, 82, 123, 149, 175, 180, 209, 214, 221, 240, 292, 295, 298
　afectiva, 175
　amistad, 213
　amor en la, 292
　cultura, 213
　personal, 240
　primera etapa de la, 209
　profesional, 175
　proyecto afectivo en la, 210
　sentimental, 175, 176
Melancolía, 63, 72, 139, 271
Microtraumas, 24, 68
Miedo, 13, 15, 23-25, 31, 41-49, 53, 81, 100, 133, 134, 137, 140, 145, 146, 152, 170, 176, 191, 199, 214, 215, 223, 225, 233, 274
Mobbing (acoso laboral), 152, 257-259, 261-264, 266
　Barómetro Cisneros, 262
　cómo actuar, 261
　cuestionario Cisneros II, 262
　definición según H. Leymann, 259
　estadísticas en Europa, 263
　fases, 260
　modalidades, 259
　pasos ante un caso de, 264
　test sobre, 265, 266
Modelo Space (K. Albrecht), 187
Muerte, 32, 44, 48, 49, 61, 68, 73, 139-141, 143-146, 214, 284, 286
　cómo afrontarla, 144

Narcisismo, 132, 134, 299
　características del narcisista, 178
Neurosis, 115, 116
Niño
　cerebro del, 77
　concepto de hermandad, 86
　concepto de la amistad, 86

desarrollo físico del, 79
desarrollo psicológico del, 80
edad de las preguntas, 81
edad del juego, 81
enseñarle a pensar, 84
enseñarle a pintar, 84
familia y desarrollo del, 83
hablarle sobre la muerte, 143
hijos adoptivos, 83
importancia de su educación, 86
madurez escolar, 82
pensamiento divergente, 84
pubertad, 89
segunda infancia, 82
sociabilización del, 80

Objetivos, 14, 26, 27, 31, 84, 95, 96, 119, 122, 154, 168, 173, 182, 197, 224, 255, 278

Pareja, 14, 51, 53, 69, 100, 107, 109-112, 121, 123-125, 132, 134-136, 143, 144, 169, 190, 201, 219, 220, 236, 287-289, 291, 292, 294-298, 300-302
  escalas de evaluación (Gottman y Silver), 291

llegada de un hijo, 288
Pérdida de un ser querido, 139
  consejos para superar el duelo, 144
  fases del duelo, 140
  test sobre la muerte, 145, 146
Perfeccionismo, 24, 26, 219, 220, 223, 226, 235
  consejos contra el, 226
  fábula del monje y la perfección, 222
  imperfección, 225, 226
  obsesivo, 223
  test sobre, 227, 228
Persona altamente sensible (PAS), 52, 54, 55
  remedios para, 54
Personalidad
  argánica, 204
  borderline o límite, 156
  obsesiva, 220, 229
  obsesivo-perfeccionista, 219
  raíces de la, 69
Planes, 13, 14, 210, 283
Poluciones nocturnas, 90, 148
Profesiones más gratificantes, 275, 276
Psicofármacos, 72
  metilfenidato, 155

Pubertad, 85, 89, 91, 148, 150-152

Recuperar los valores, 241, 296
Resiliencia, 73, 196
   definición, 196
   test sobre, 201, 202
Rigidez psicológica, 231, 235
   consejos para ser flexible, 235
   síntomas, 231
   test sobre, 236, 237
   trucos para entrenar nuestra flexibilidad mental, 232
Rutina, 34, 74, 173, 184, 276, 293, 298

Seducción, 121, 123, 125, 129, 242
   claves para seducir, 127
   rasgos fundamentales de las personas seductoras, 126
   test sobre, 128, 129
Sentimiento de culpa, 26, 140, 194, 195, 241, 283
Ser auténtico, 243, 244
Sexualidad, 13, 86, 89, 90, 132, 143, 148, 149, 213, 252, 298
   sexo clandestino, 108, 110
Síndrome
   de los cuarenta, 292
   de Simón, 133, 171, 175, 209
   de Wendy, 134, 135
   del nido vacío, 295
   del pánico a comprometerse, 176
   del penúltimo tren, 134, 293
Síndrome de *burnout*, 267, 269, 272-274, 276, 277
   características, 269, 270
   causas, 272
   consecuencias, 274
   consejos contra el, 277
   profesiones más sensibles, 272
   recursos para superar el, 276
   síntomas, 270
   test sobre, 278, 279
Síndrome de Peter Pan, 131-135, 137
   sintomatología, 131
   test sobre, 136, 137
Sistema inmunológico, 268
Soledad, 57, 69, 121-125, 132, 283, 288
Solidaridad, 197, 241, 242, 244

49. Finite geometries and designs, P.CAMERON, J.W.P.HIRSCHFELD & D.R.HUGHES (eds.)
50. Commutator calculus and groups of homotopy classes, H.J.BAUES
51. Synthetic differential geometry, A. KOCK
52. Combinatorics, H.N.V.TEMPERLEY (ed.)
53. Singularity theory, V.I.ARNOLD
54. Markov processes and related problems of analysis, E.B.DYNKIN
55. Ordered permutation groups, A.M.W.GLASS
56. Journees arithmetiques 1980, J.V.ARMITAGE (ed.)
57. Techniques of geometric topology, R.A.FENN
58. Singularities of smooth functions and maps, J.MARTINET
59. Applicable differential geometry, F.A.E.PIRANI & M.CRAMPIN
60. Integrable systems, S.P.NOVIKOV et al.
61. The core model, A.DODD
62. Economics for mathematicians, J.W.S.CASSELS
63. Continuous semigroups in Banach algebras, A.M.SINCLAIR
64. Basic concepts of enriched category theory, G.M.KELLY
65. Several complex variables and complex manifolds I, M.J.FIELD
66. Several complex variables and complex manifolds II, M.J.FIELD
67. Classification problems in ergodic theory, W.PARRY & S.TUNCEL
68. Complex algebraic surfaces, A.BEAUVILLE
69. Representation theory, I.M.GELFAND et. al.
70. Stochastic differential equations on manifolds, K.D.ELWORTHY